du:selbst

du:selb

Selbstgesteuertes Lernen im Deutschunterricht

Barocklyrik

Von Klaus Lill und
Margarethe Thomasen

Schöningh

© 2008 Bildungshaus Schulbuchverlage
Westermann Schroedel Diesterweg Schöningh Winklers GmbH
Braunschweig, Paderborn, Darmstadt

www.schoeningh-schulbuch.de
Schöningh Verlag, Jühenplatz 1–3, 33098 Paderborn

Druck 5 4 3 2 1 / Jahr 2012 11 10 09 08
Die letzte Zahl bezeichnet das Jahr dieses Druckes.

Umschlaggestaltung: Franz-Josef Domke, Hannover
Umschlagmotiv: Photri Inc./OKAPIA
Druck und Bindung: AZ Druck und Datentechnik GmbH/Kempten

ISBN 978-3-14-022231-0

Inhaltsverzeichnis

Vorbemerkungen

Fragt man Gesellschaftswissenschaftler nach einer grundlegenden Entwicklungstendenz unserer Gesellschaft in den vergangenen Jahrzehnten, so steht der Begriff der Individualisierung sicherlich im Mittelpunkt der Analyse. An die Stelle fester sozialer Gruppen mit relativ einheitlichen Werten und Normen sind mehr und mehr verschiedene soziale Netzwerke getreten, in denen sich das Individuum als solches definieren, orientieren, platzieren und behaupten muss. Das bringt auf der einen Seite ein hohes Maß an persönlicher Lebensverantwortung mit sich, an Möglichkeiten der Selbsterfahrung und -entfaltung. Auf der anderen Seite steht aber die Gefahr der Vereinzelung, der Orientierungslosigkeit, der sozialen Überforderung.

Auf der Theorieebene hat der pädagogische Diskurs längst reagiert. Begriffe wie Heterogenität, Binnendifferenzierung, selbstgesteuertes Lernen, Individualisierung von Lernprozessen sind mittlerweile richtungsweisend. Sie sind jedoch nicht neu, gehörten sie doch schon zum Begriffskanon der Reformpädagogik (spätestens) der 70er-Jahre.

Aber die Inhalte dieses Diskurses finden noch zu wenig Eingang in die tägliche Schul- und Unterrichtspraxis. Immer noch ist das deutsche Bildungssystem im Allgemeinen und die Organisation des Unterrichts im Speziellen an Homogenisierung von Lerngruppen orientiert, um so Lernergebnisse zu optimieren. Ob Selektion nach vier Schuljahren, ob zentrale Leistungstests mit normierten Aufgabenstellungen, ob Wiederholung eines gesamten Jahrgangs bei partiellen Defiziten, ob äußere Differenzierung in Grund- und Erweiterungskurse, all das sind wohl keine Anzeichen dafür, dass man die gesellschaftliche Entwicklung hin zur Individualisierung ernst nimmt und in den Bildungsauftrag einbezieht.

Dabei hat doch gerade PISA gezeigt, dass in Deutschland der Zusammenhang zwischen sozialer Herkunft und Schulerfolg viel zu eng ist, was zeigt, dass der Versuch der ,Homogenisierung' nicht nur ohne Bildungserfolg bleibt, sondern auch noch gesellschaftlich kontraproduktiv und für einen Großteil der Schülerinnen und Schüler ,karrierehinderlich' ist. Dem Schüler wird die Möglichkeit genommen, sich in der Schule in heterogenen Gruppen als Individuum zu erfahren, sich auszuprobieren und sich gleichzeitig als gruppen- und teamfähig zu zeigen und so gesellschaftliche Werte wie Ich-Stärke, Durchsetzungskraft und gleichzeitig Solidarität und Zusammenhalt zu erlernen.

Ziel eines Unterrichts, der der gesellschaftlichen Entwicklung einer Individualisierung Rechnung trägt, kann nur ein Unterricht sein, der die Selbst- und Sozialkompetenz der Schülerinnen und Schüler fördert, der Heterogenität der Lerngruppe nicht als Erschwernis definiert, sondern als Chance wahrnimmt und reflektiert. Alle Untersuchungen an heterogenen Lerngruppen haben gezeigt, dass leistungsschwächere Schüler von heterogen zusammengesetzten Lerngruppen profitieren und dass leistungsstärkere Schüler nicht unterfordert sind, sie also nicht schlechter abschneiden als in vermeintlich homogenen Lerngruppen.

Doch nur der Verzicht auf die Homogenisierung von Lerngruppen reicht nicht aus. Diese stellt zwar eine Voraussetzung, aber noch keine Verbesserung des Unterrichts dar. Mindestens genauso entscheidend ist die Art und Weise, wie die Lehr- und Lernprozesse gestaltet sind. Seit Ende der 80er-Jahre hat der konstruktivistische Ansatz hier auf grundlegende Erkenntnisse hingewiesen. Von diesem Ansatz ausgehend stellt sich der Lernprozess als ein aktiver, selbstgesteuerter, situativer und sozialer Prozess dar. Lernen hat demnach mehr mit einem individuellen, subjektiven Vorgang und weniger mit der Adaption vorgelegten „Wissens" zu tun.

Heterogene Lerngruppen brauchen daher einen auf sie zugeschnittenen Unterricht, einen Unterricht, der binnendifferenziert und individualisiert ist und selbstständiges Lernen zulässt. Und – das ist notwendigerweise die Schlussfolgerung – in dem der/die Lehrende eine veränderte Rolle spielt.

Die Aufgabe des Lehrers/der Lehrerin kann es **nicht** mehr sein, durch (auch noch so) geschickte Fragen oder Arbeitsanweisungen in Einzel- oder Gruppenarbeit vorher festgelegte Stundenziele zu erreichen und abzufragen. Vielmehr muss er/sie als Organisator/in individueller Lernprozesse einen passenden Lernkontext schaffen, als Moderator/in auftreten, verbinden und anregen, überleiten und übersetzen – aber auch korrigieren und bewerten. Dabei spielt das bereitzustellende Lernmaterial eine herausragende Rolle.

Anmerkungen zur Methode des kooperativen Lernens

Jede der in dieser Reihe vorliegenden Unterrichtsreihen stellt eine Form des offenen Unterrichts in den Mittelpunkt, nimmt aber durchaus auch Ideen und Arbeitsformen anderer Methoden mit auf. Beispiele sind Stationenlernen, kooperatives Lernen, Expertenlernen oder selbstständiges Lernen mit neuen Medien. Nach der Einführung in den jeweiligen methodischen Schwerpunkt werden Hinweise für die praktische Umsetzung gegeben. Welches Material brauchen Sie, wie viel Zeit müssen Sie für welche Einheit einplanen, wie wird die Leistungskontrolle bei Gruppen-, Paar- oder Einzelarbeitsphasen gewährleistet, wie füllen Sie die Zeit im Unterricht, in der die Schüler und Schülerinnen selbstständig arbeiten, wie können Klausuren gestaltet werden? Wie können Schülerinnen und Schüler ihre Erwartungen, ihre Lernfortschritte und ihre Leistung selbst entwickeln, bewerten und reflektieren?

Methodischer Schwerpunkt der Unterrichtsreihe ‚Barocklyrik‘ ist die Methode des kooperativen Lernens.

Im Jahre 1996 hat das Durham Board of Education in Ontario (Kanada) den Carl-Bertelsmann-Preis als „innovatives Schulsystem" erhalten. Die Bertelsmann-Stiftung würdigte damit die systematische Einführung des kooperativen Lernens in einem Schulbezirk, der im landesweiten Vergleich Ende der 80er-Jahre ganz unten rangierte und der inzwischen durch die veränderte Arbeit in den Klassen- und Lehrerzimmern regelmäßig zu den besten gehört. Einer der Hauptverantwortlichen am Durham Board für die Lehrer- und Schulleiterfortbildung war Norm Green.
Im Zentrum der Innovationsbereitschaft stand für die Schulbehörde in Ontario die Frage nach den Fähigkeiten, die ein Mensch der westlichen Industriegesellschaft des 21. Jahrhunderts erwerben muss, um in ihr erfolgreich leben zu können. Dabei standen Problemlösungskompetenz, Kreativität, komplexes Denken und Teamfähigkeit ganz oben auf der Liste. Der Erwerb dieser *Skills* benötigt neue, angemessene Lernmethoden und -strategien, ebenso wie veränderte Einschätzungs- und Evaluationsinstrumente. Sie sind mehr als ‚nur‘ eine solide fachliche Qualifikation, sie erfordern soziale Kompetenzen und die Fähigkeit zu selbstverantwortlichem Handeln. Die Behörde in Kanada sah in der Methode des kooperativen Lernens das Konzept, mit dem man diesen Ansprüchen begegnen kann.

Unter kooperativem Lernen versteht man, dass Schülerinnen und Schüler gemeinsam, koordiniert und zielorientiert Informationen und Erfahrungen verarbeiten und in wechselseitiger Hilfestellung verstehen lernen.
Elementar für die Methode des kooperativen Lernens ist der Aufbau des Lernprozesses nach dem Prinzip der Dreigliederung ‚think – pair – share‘, zu übersetzen als ‚denken – austauschen – vorstellen‘.
Diese Gliederung, die für eine Einführungsphase von 10 Minuten genauso ihre Gültigkeit hat wie für den Aufbau von Fragestellungen über mehrere Stunden hinweg, ist grundlegend für das Verständnis von einem effektiven Lernprozess.
Zu Beginn des so verstandenen Lernprozesses steht eine angemessene Zeit für die individuelle Auseinandersetzung mit einer Fragestellung, eine kurze Zeit der Annäherung an das Neue, das Ungewohnte, das mit der Struktur des bereits Gewussten vernetzt werden muss. Dann folgt der Austausch mit einem Partner oder einer Kleingruppe. Die vorherige individuelle Vernetzung wird unter sozialen Bedingungen neu überdacht, wird relativiert oder bestätigt. Lernen wird als soziales Phänomen verstanden und benötigt Raum für Kommunikation und Austausch.
In einem dritten Schritt steht die Präsentation, das Vorstellen der erzielten Ergebnisse im Zentrum. Das erarbeitete Wissen wird durch Mitteilung und Vortrag aktiviert, gefestigt und gewürdigt.
Damit kommt der Gruppen- oder Teamarbeit eine zentrale Bedeutung bei der Methode des kooperativen Lernens zu, wobei bestimmte, festgelegte Bedingungen für die Gruppenarbeit erfüllt sein müssen, um sie zu einer positiven Erfahrung effektiven Lernens zu machen. Norm Green führt in diesem Zusammenhang folgende Rahmenbedingungen an, die sinnvolle Zusammenarbeit, unterstützende Interaktion und erfolgreiche Problemlösung ermöglichen:

→ positive Abhängigkeit
→ individuelle Verantwortlichkeit
→ Gruppenprozess, der in Richtung einer Optimierung der Ergebnisse führt
→ soziale Kompetenz zur Steigerung der Effektivität
→ face-to face-Sitzordnung

Die Hauptaufgabe der Lehrperson, die den Lernprozess durch Materialbereitstellung, Zeitrahmen und Raumplanung initiiert, strukturiert und begleitet, liegt in der Abstimmung und Organisation der Einzel- und Gruppenarbeitsphasen.

Der Gruppenbildungsprozess, die Aufgabenstellung und -verteilung, die Gruppenorganisation, die Rollenverteilung innerhalb der Gruppen bis hin zu Verantwortlichkeiten bei Präsentation und Evaluation, das alles muss vorher gut strukturiert und organisiert sein.

Für die Gruppenarbeit ist weiterhin elementar, dass prinzipiell jeder mit jedem arbeitsfähig und arbeitsbereit sein muss. Die Gruppenzusammensetzung sollte also nicht nur den Schülerinnen und Schülern überlassen bleiben, sondern muss von der Lehrperson geplant und durchgeführt werden (per Zufall, nach Leistungskriterien, nach Geschlechtzugehörigkeit o. Ä.).

Der Umgang mit Heterogenität ist für jede Jahrgangsstufe eine spezielle Herausforderung. Die pädagogische Grundhaltung ist jedoch übertragbar.

Auch wenn die Vertreter des kooperatives Lernens betonen, dass diese Lehr- und Lernmethode nicht nur in einem Fach oder gar nur in einer Unterrichtsreihe zur Entfaltung kommen kann, sondern, um wirklich erfolgreich zu sein, pädagogische Ausrichtung einer ganzen Schule sein muss, wird hier versucht, methodische Implikationen des kooperativen Lernens bei der Erarbeitung des Themas „Barocklyrik" in der Sekundarstufe II umzusetzen. Der Schwerpunkt liegt dabei auf der Organisation und Strukturierung von Gruppenprozessen im Sinne des kooperativen Lernens.

Weitere methodische Schwerpunktsetzungen

Über die im Kapitel oben beschriebenen Grundsätze hinaus betont die hier konzipierte Reihe weitere methodisch-didaktische Prinzipien.

Selbstgesteuertes Lernen
Die Schülerinnen und Schüler sollen an geeigneten Stellen ihren Lernprozess selbst steuern können. Dies geschieht in der Einstiegsphase dadurch, das eher intuitive Wissen zu aktivieren und selbst Fragen an die Unterrichtsreihe zu entwickeln, an denen dann auch der Lernzuwachs abzugleichen ist. Im weiteren Verlauf der Reihe können die Schülerinnen und Schüler, je nach konkreter Umsetzung, themenspezifisch eigene Schwerpunkte setzen, wobei die Themenauswahl so breit angelegt ist, dass binnendifferenziert sowohl nach individueller Leistungsstärke wie auch nach persönlicher Interessenlage ausgewählt werden kann. Da selbstgesteuertes Lernen auch eigenverantwortliches Lernen impliziert, soll von den Schülerinnen und Schülern ein individuelles Portfolio zusammengestellt und an bestimmten Stellen die Leistungsüberprüfung von den Schülerinnen und Schülern selbst vorgenommen werden.

Portfolio
Die Schülerinnen und Schüler erhalten auf jedem Arbeitsblatt eine Aufstellung, welche Materialien in das Portfolio eingebracht werden müssen und welche optionalen Arbeitsaufträge eingebracht werden können. Das Portfolio dokumentiert den Lernprozess und die obligatorischen und optionalen Lernergebnisse eines jeden Schülers und jeder Schülerin und es dient der Lehrperson als Bewertungsmaterial, wobei auch die Art der Gestaltung in die Beurteilung miteinfließt. Gleichzeitig ermöglicht das Portfolio den Schülerinnen und Schülern, ihren Lernprozess und ihre Lernergebnisse selbst zu reflektieren und sich eine Grundlage für die Abiturvorbereitung zu schaffen.

Anmerkungen zur Auswertung der Portfolios
Die aktuellen Schwerpunkte der Schul- und Unterrichtsentwicklung machen deutlich, dass es an der Zeit ist, eine neue Lernkultur zu entwickeln, die in der Lage ist, mit einem weiter gefassten Lern- und Leistungsbegriff umzugehen. Neben dem sachlich-inhaltlichen Lernbereich müssen sowohl der methodische als auch der soziale und persönliche Aspekt des Lernens stärker berücksichtigt werden. Die Frage nach zugrunde liegenden Haltungen und Konzepten und die Frage nach sinnvollen Instrumenten müssen dabei Hand in Hand gehen.

In diesem Zusammenhang kann die Portfolioarbeit einen wichtigen Beitrag leisten. Die folgenden Aspekte sollen eine knappe Orientierung geben, was bei der Leistungsbeurteilung und Prozessreflexion in Verbindung mit dem Portfolio zu beachten ist:

Pflicht und Kür (individuelle Herausforderung): Die/der Unterrichtende muss eine klare Orientierung geben über die Definition der Pflichtaufgaben und der freiwilligen/zusätzlichen Aufgaben.

Wahlmöglichkeit: Auch innerhalb der Pflichtaufgaben sollte es Wahlaufgaben geben, die unterschiedliche Kompetenzbereiche und Begabungen berücksichtigen.

Prozessreflexion: Die Reflexion des eigenen Lernprozesses sollte unbedingt eingeübt und zur Selbstverständlichkeit des eigenverantwortlichen Lernens werden (s. „Zielscheibe" zur Reflexion der Lernerfahrung S. 89).

Leistungsbewertung: Beteiligung und Transparenz: Der Schwerpunkt sollte auf schülerorientierten Formen der Leistungsbewertung liegen. Bereiche und Kriterien, die in die Leistungsbewertung eingehen, müssen transparent gemacht werden (gemeinsames Entwickeln/gemeinsame Absprache). Individuelle Schwerpunkte für die Bewertung könnten dabei vereinbart werden. Die Selbstreflexion des Lernprozesses und der Lernergebnisse, das Feedback durch MitschülerInnen und Rückmeldungen der Lehrperson sollten sich immer wieder ergänzen.

Auswertung der **Portfoliomappen:** Vor dem Präsentationstermin erhalten die SchülerInnen den Rückmeldebogen 5, S. 88, um die Bewertungskriterien zu kennen und ihre Mappe dementsprechend überprüfen zu können. Für Präsentation und Rückmeldung schlagen wir folgenden Ablauf vor:

1. Ausstellungsgang: Die Schüler/innen geben und nehmen Einblick in die Arbeitsergebnisse ihrer Mitschüler/innen.
2. Partnerfeedback: Jeweils zwei Schüler/innen tauschen ihre Portfoliomappen aus und erhalten ausreichend Zeit (evtl. Hausaufgabe), eine Rückmeldung zu formulieren (s. Rückmeldebogen 5). Die Ergebnisse werden ausgetauscht.
3. Selbstreflexion: Eintrag in der dafür vorgesehenen Spalte auf Rückmeldebogen 5.
4. Kursleitung: Die Lehrperson sammelt alle Portfoliomappen mit den ausgefüllten Rückmeldebögen ein und gibt in der dafür vorgesehenen Spalte Rückmeldung.

Präsentation von Arbeitsergebnissen

Lernergebnissicherung ist vor allem bei Unterrichtsreihen, die auf Gruppenarbeit basieren, von großer Bedeutung. Mindestens nach jeder Phase, an einigen Stellen auch nach Beendigung eines Elements, sollte daher Platz sein, exemplarisch Gruppen- oder Einzelergebnisse vor dem Plenum zu präsentieren. Hier ist auch Platz für ‚lehrerzentriertere' Zusammenfassungen, Korrekturen und Bestärkungen wie auch für Schüler-Feedback und Selbstreflexion.

Schülerrückmeldung und Evaluation

Zentrales Element des selbstgesteuerten Lernens ist eine Rückmeldekultur durch die MitschülerInnen und die Evaluation der Lernergebnisse durch den Lernenden selbst. Im Anschluss an schriftliche Analysen geben und erhalten alle SchülerInnen eine schriftliche Rückmeldung (s. Rückmeldebögen). Dieses Verfahren hat den Vorteil, dass alle Arbeiten der SchülerInnen wertgeschätzt werden und diese ein Feedback erhalten. Daneben sollte aber nicht darauf verzichtet werden, einzelne Arbeiten exemplarisch im Plenum zu besprechen und auf Stärken und Schwächen hinzuweisen.

Die Evaluation der Gesamtreihe durch die SchülerInnen, bildet den Abschluss (s. „Abschlussreflexion" in Phase V, S. 89).

Arbeits- und Sozialformen

Die Reihe enthält Einheiten von Einzel-, Paar- und Gruppenarbeit, wobei der Schwerpunkt auf der nach den Prinzipien des kooperativen Lernens strukturierten Gruppenarbeit liegt. Die Gruppenarbeitsaufträge sind in der Regel so gestellt, dass das Gruppenergebnis durch die Zusammenstellung aller Einzelergebnisse zustande kommt. Im persönlichen Portfolio muss jedoch jede Schülerin und jeder Schüler ihre/seine Arbeitsergebnisse individuell zusammenstellen und präsentieren können. (Beachten Sie hierzu auch die Hinweise zur Auswertung der Portfolioarbeit in Phase V, S. 91)

Reihenplanung: „Barocklyrik"

Die hier vorliegende Reihe „Barocklyrik" ist in fünf Phasen aufgeteilt, die sich jeweils aus einzelnen „Elementen" zusammensetzen. Die Phase II kann je nach der zur Verfügung stehenden Zeit ausgelassen bzw. in veränderter Form in den Reihenablauf integriert werden. Die dritte und vierte Phase können nach eigener Schwerpunktsetzung gekürzt werden.

Das Heft enthält für jede Phase die Materialien und Aufgabenstellungen, mit denen die Schülerinnen und Schüler arbeiten, bzw. Hinweise auf weitere Materialien, die im Unterricht eingesetzt werden können, so zum Beispiel die auf der Website bereitgestellten Dokumente (URL www.schoeningh-schulbuch.de/du-selbst). Am Ende jeder Phase finden sich inhaltliche und methodische Erläuterungen für die Lehrperson (Lehrerinformationen). Die Reihenübersicht (S. 10 f.) gibt einen Überblick über die einzelnen Lernformen und Aktivitäten.

Phase I besteht aus vier Elementen: (1) zwei Einstiegsvarianten, die das Vorwissen und die Lernerwartungen aktivieren, (2) erster Verstehenshorizont im Hinblick auf das Zusammenwirken von inhaltlichen und formalen Elementen, (3) literatur-historischer Hintergrund, (4) historischer Hintergrund.

In **Phase II** werden verschiedene kunsttheoretische und soziokulturelle Aspekte der Barockzeit erarbeitet, die dann als Hintergrundwissen in die weitere Analysearbeit einfließen können.
Das zweite Element dieser Phase ergänzt diesen Aspekt durch die Präsentation ausgewählter Autoren der Barockliteratur.

In **Phase III** wird die Analysekompetenz durch die begriffliche Erarbeitung barockspezifischer Gestaltungsmittel (Emblematik, Dialogcharakter u.a.) und deren konkrete Anwendung an ausgewählten Gedichten erweitert.

In **Phase IV** steht dann die Vergleichsanalyse als Klausurvorbereitung im Mittelpunkt. Das dafür ausgewählte Themenfeld ist ‚Liebe'. Das zweite Element dieser Phase lädt zu einer individuellen, kreativen und interaktiven Auseinandersetzung mit den ausgewählten Gedichten und dem Thema ‚Liebe' ein und eröffnet damit die Blickrichtung auf den eigenen Lebensbezug.

Phase V greift diesen Transfer auf und erweitert ihn durch die Auseinandersetzung mit der Frage nach der Aktualität des barocken Lebensgefühls.
Das letzte Element gibt eine Strukturhilfe für die Würdigung und Auswertung der Portfoliomappen und eine abschließende Reflexion des individuellen Lernerfolgs.

Es folgen Ideen für optionale, individuelle Ergänzungen des Portfolios. Den Schluss bilden Anmerkungen zur **Klausur**: Allgemeines, konkrete Klausurvorschläge und Bewertungskriterien.

Zur zeitlichen Planung:

Kurze Variante:	12 – 15 Stunden
Phase I:	6 – 7 Stunden
Phase IV (vergleichende Analyse):	4 – 5 Stunden
Phase V (Rückbezug, Präsentation, Auswertung):	2 – 3 Stunden
Lange Variante (mit allen Elementen):	26 – 29 Stunden

Reihenübersicht

Phase I Grundlagen	Material	Aktivitäten und Lernformen
1. Element: Einstieg	Einstiegsvariante 1: Arbeitsblatt 1: Einstimmung in die Reihe „Barocklyrik" (S. 14) und/oder: Einstiegsvariante 2: Mindmap: Struktur der Unterrichtsreihe (S. 13)	Vorwissen aktivieren
2. Element: Hinführung zu formal-strukturellen Grundlagen	Verspuzzle Arbeitsblatt 2: Einstieg in die Analyse (S. 17) Arbeitsblatt 3: Poetik des Barock (S. 20)	Verspuzzle SchülerInnen-Kurzvortrag
Portfolio: *– Einstimmung in die Reihe ‚Barocklyrik' (Arbeitsblatt 1) – Hypothesenbildung und Stichpunktsammlung zu formalen und sprachlichen Aspekten (Arbeitsblatt 2) – Konzept für Kurzvortrag (Arbeitsblatt 3)*		
3. Element: Literaturhistorischer Hintergrund und Gedichtanalyse	Arbeitsblatt 4 a: Leitmotive der Barockliteratur (S. 22) Arbeitsblatt 4 b: Carpe diem – find ich gut!? (S. 24) Arbeitsblatt 5: Andreas Gryphius: Es ist alles eitel (S. 25) Rückmeldebogen 1: Gedichtanalyse (S. 26)	gemeinsame Begriffsdefinitionen Placemat (stummes Schreibgespräch) Analyse mit SchülerInnen-Feedback
Portfolio: *– Definition der Begriffe Vanitas – Carpe Diem – Memento Mori* *– Analyse des Gedichts „Es ist alles eitel" von Andreas Gryphius mit Schülerrückmeldung*		
4. Element: Historischer Hintergrund und Gedichtanalyse	Arbeitsblätter 6 a – e: Historischer Hintergrund – Der Dreißigjährige Krieg und seine Folgen (S. 22) Arbeitsblatt 7: Andreas Gryphius: Tränen des Vaterlandes, anno 1636 (S. 37) Rückmeldebogen 2: Gedichtanalyse mit historischem Hintergrund (S. 38)	Themenspezifischer SchülerInnenvortrag Expertenrunde Gestaltung von Schaubildern Analyse mit SchülerInnen-Feedback
Portfolio: *– Schaubild zentraler Ereignisse des 17. Jahrhunderts* *– Analyse des Gedichts „Tränen des Vaterlandes, anno 1636" von Andreas Gryphius mit Rückmeldebogen 2* *– Optional: Essay zur Aktualität des barocken Lebensgefühls* *– Alternativ: Aktualisierung des Gedichts „Es ist alles eitel"*		

Phase II Gesellschaftlicher Kontext	Material	Aktivitäten und Lernformen
1. Element: Kultureller und sozialer Hintergrund der Barockzeit	Arbeitsblatt 8: Kultureller und sozialer Hintergrund (Aufgabenstellung) (S. 44) Arbeitsblatt 8a: Die Musik des Barock (S. 45) Arbeitsblatt 8b: Schauspiel zur Zeit des Barock (S. 47) Arbeitsblatt 8c: Architektur und Gartenbau der Barockzeit (S. 49) Arbeitsblatt 8d: Malerei des Barock (S. 51) Arbeitsblatt 8e: Das Weltbild des Barock (S. 53) Arbeitsblatt 8f: Die Wissenschaft im 17. Jahrhundert (S. 55) Arbeitsblatt 8g: Hexenwahn (S. 57) **Weitere Materialien auf der Website URL www.schoeningh-schulbuch.de/du-selbst**	selbstgewähltes Arbeitsfeld Internetrecherche Austausch individueller Arbeitsergebnisse Präsentation im Plenum anhand einer Mindmap
2. Element: Dichter des Barock	Arbeitsblatt 9: Dichter des Barock (S. 58): Internetrecherche zu folgenden Dichtern: – Martin Opitz – Simon Dach – Paul Fleming – Friedrich von Logau – Andreas Gryphius – Georg Philipp Harsdörffer – Christian Hoffmann von Hofmannswaldau – Catharina Regina von Greiffenberg – …	selbstgewähltes Arbeitsfeld Internetrecherche Expertenrunde kreative Informationsverarbeitung (Collage) Museumsgang

Portfolio:
Schriftliche Ausarbeitung zu einem selbstgewählten Thema und Mindmap

Phase III Gestaltungsmittel der Barocklyrik	Material	Aktivitäten und Lernformen
	Arbeitsblatt 10: Gestaltungsmittel des Barock (Aufgabenstellung) (S. 61) Arbeitsblatt 10a: Signaturenlehre (S. 62) Arbeitsblatt 10b: Emblematik (S. 63) Arbeitsblatt 10c: Dialogcharakter (S. 64) Arbeitsblatt 10d: Petrarkismus (S. 65) **Weitere Materialien auf der Website URL www.schoeningh-schulbuch.de/du-selbst**	Expertenrunde Präsentation vor dem Plenum

Portfolio:
–Schriftliche Zusammenfassung eines Sekundärtextes in Thesen
– Beleg der Textaussagen an einem Gedicht oder anhand von Beispielen
–Definition der Begriffe, die nicht selbst erarbeitet wurden

11

Phase IV Vergleichende Analyse und Erweiterungen	Material	Aktivitäten und Lernformen
1. Element: Vergleichende Gedichtanalyse. Themenfeld Liebe (Vorbereitung auf die Klausur)	Arbeitsblatt 11 a: Vergleichende Analyse: Karin Kiwus: Fragile (S. 70) Arbeitsblatt 11 b: Vergleichende Analyse: Eduard Mörike: An die Geliebte (S. 72) Arbeitsblatt 11 c: Vergleichende Analyse dreier Gedichte – Martin Opitz, Eduard Mörike, Karin Kiwus (S. 74) Rückmeldebogen 3: Vergleichende Analyse (S. 76)	Lernende als Lehrende (SchülerInnen erarbeiten eine Unterrichtsstunde) Analyse mit SchülerInnen-Feedback
Portfolio: *Vergleichende Analyse und Rückmeldebogen 3*		
2. Element: Lyrik – kreativ – interaktiv	Arbeitsblatt 12: Liebeslyrik kreativ (S. 78)	kreative Schreibproduktion
Portfolio: *– eigenes Gedicht* *– Erfahrungsbericht (optional)*		

Phase V Transfer und Reihenauswertungen	Material	Aktivitäten und Lernformen
1. Element: Zur Aktualität barocken Lebensgefühls	Arbeitsblatt 13: Zur Aktualität des barocken Lebensgefühls (Aufgabenstellung) (S. 83) Arbeitsblatt 13 a: Damien Hirsts Glitzerschädel (S. 84) Arbeitsblatt 13 b: Der Glanz und der Tod (S. 85) Arbeitsblatt 13 c: Die Erlebnisgesellschaft (S. 86) Rückmeldebogen 4: Erörterung (S. 87)	Entwicklung individueller Fragestellungen Transfer Freie Erörterung mit SchülerInnen-Feedback
Portfolio: *Erörterung zu einem selbstgewählten Thema und Rückmeldebogen 4*		
2. Element: Reihenauswertung	Rückmeldebogen 5: Präsentation und Auswertung der Portfoliomappen (S. 88) Abschlussreflexion: Zielscheibe des individuellen Lernerfolgs (S. 89)	Portfoliopräsentation mit SchülerInnen- und LehrerInnen-Feedback Reflexion des individuellen Lernerfolgs

KLAUSUR

Struktur der Unterrichtsreihe

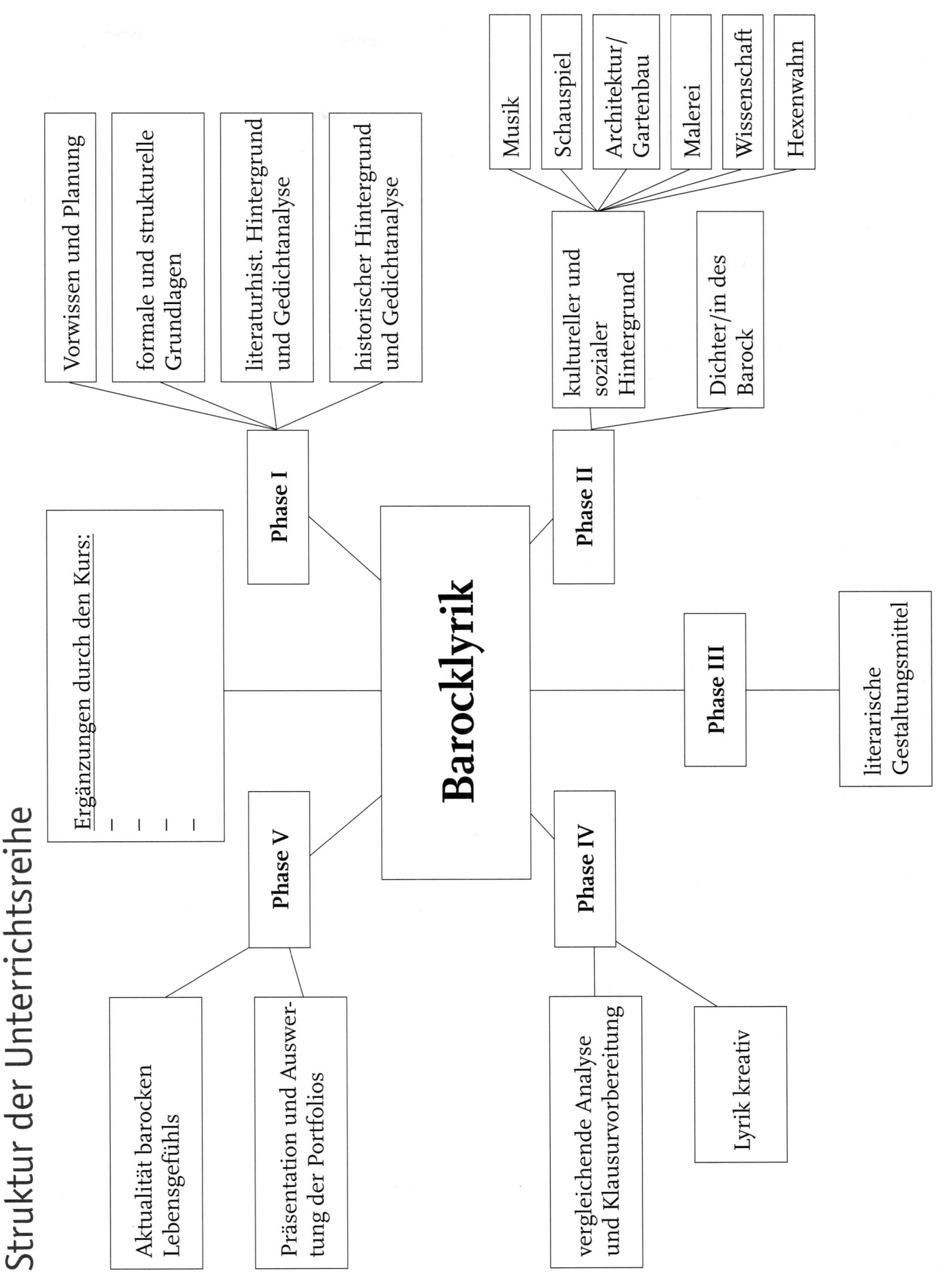

Musik
Schauspiel
Architektur/ Gartenbau
Malerei
Wissenschaft
Hexenwahn

kultureller und sozialer Hintergrund

Dichter/in des Barock

Phase II

Vorwissen und Planung

formale und strukturelle Grundlagen

literaturhist. Hintergrund und Gedichtanalyse

historischer Hintergrund und Gedichtanalyse

Phase I

Ergänzungen durch den Kurs:

Barocklyrik

Phase III

literarische Gestaltungsmittel

Phase V

Aktualität barocken Lebensgefühls

Präsentation und Auswertung der Portfolios

Phase IV

vergleichende Analyse und Klausurvorbereitung

Lyrik kreativ

Arbeitsblatt 1 (1)

Einstimmung in die Reihe „Barocklyrik"

Einzelarbeit:
Nehmen Sie sich 5 Minuten Zeit, die folgenden Fragen spontan zu beantworten.

Partnerarbeit: *Besprechen Sie anschließend mit einem Partner/einer Partnerin Ihre jeweiligen Antworten und notieren Sie Unterschiede bei den Erwartungen (weitere 10 Minuten).*

*Im **Plenum** werden dann exemplarisch einige Beispiele besprochen.*

Fügen Sie Ihr Arbeitsblatt Ihrem *Portfolio* bei.

1. Nennen Sie drei Begriffe (Adjektive, Nomen, etc). die Ihnen spontan in den Sinn kommen, wenn Sie den Begriff „Barock" hören.

a) ....   b) ....

c) ....

2. Welchem Jahrhundert ordnen Sie die Zeit des Barock zu?

☐ 14. Jhrdt.   ☐ 17. Jhrdt.   ☐ 19. Jhrdt.

3. Zwei der aufgeführten Lyriker sind der Zeit des Barock zuzuordnen. Welche?

☐ Andreas Gryphius   ☐ Heinrich Heine   ☐ Hölderlin

☐ Friedrich Schiller   ☐ Martin Opitz   ☐ Walter v. d. Vogelweide

4. Welches historische Ereignis ordnen Sie der Zeit des Barock zu?

☐ Erster Weltkrieg   ☐ Französische Revolution   ☐ Kreuzzüge

☐ Dreißigjähriger Krieg   ☐ Kolumbus entdeckt Amerika

5. Welche Phänomene/Begriffe ordnen Sie welcher Zeitströmung zu?

A Mittelalter   1 Ekstase der Großstadt

B Romantik   2 sinnbringende Ordnung

C Barock   3 göttliche Natur

D Aufklärung   4 höfische Ritterlichkeit

E Expressionismus   5 menschliche Vernunft

Ihre Lösung:

A	B	C	D	E

Arbeitsblatt 1
(2)

6. Formulieren Sie, was Sie nach Beendigung der Reihe ‚Barocklyrik' gelernt haben wollen.

_____

_____

_____

_____

_____

_____

Notizen nach dem Austausch mit Partner/in:
unterschiedliche Erwartungen – gleiche Erwartungen – Ergänzungen

_____

_____

_____

_____

_____

_____

_____

Verspuzzle

Was sind wir Menschen doch! Ein Wohnhaus grimmer Schmerzen,
Ein Ball des falschen Glücks, ein Irrlicht dieser Zeit,
Ein Schauplatz herber Angst, besetzt mit scharfem Leid,
Ein bald verschmelzter Schnee und abgebrannte Kerzen.
Mir grauet vor mir selbst, mir zittern alle Glieder,
Wenn ich die Lipp und Nas und beider Augen Kluft,
Die blind vom Wachen sind, des Atems schwere Luft
Betracht und die nun schon erstorbnen Augenlider.
Ohn Sterben kommt man nicht zum Leben
Und ohne Leiden nicht zum Tod;
Willst du dem Leiden widerstreben
So machst du dir nur größre Not
Die Welt hat Krieg geführt weit über zwanzig Jahr.
Nunmehr soll Friede sein, soll werden, wie es war.
Sie hat gekriegt um das, o lachenswerte Tat,
Was sie, eh sie gekriegt, zuvor besessen hat
Ein Kaufmann, der sein Gut nur einem Schiffe traut,
Ist hochgefährlich dran, indem bald kann kommen,
Dass ihm auf einen Stoß sein Ganzes wird genommen.
Der fehlt, der allzu viel auf ein Gelücke traut.
Was ist die Welt und ihr berühmtes Glänzen?
Was ist die Welt und ihre ganze Pracht?
Ein schnöder Schein in kurzgefassten Grenzen,
Ein schneller Blitz bei schwarzgewölkter Nacht,

Arbeitsblatt 2 (1)

Gedichtauswahl

Gruppenarbeit:

Vergleichen Sie die angefügten Gedichte mit den von Ihnen zusammengestellten Versen aus dem Verspuzzle (Übereinstimmungen, Unterschiede). Besprechen Sie mit der Gruppe, mit der Sie sich eventuell ‚kreuzen‘, die Variationen.

Legen Sie anschließend die Versteile so zusammen, wie die Originalgedichte es vorgeben. (Sie wechseln gegebenenfalls mit Ihrem Vers die Gruppe!!)

Einzelarbeit:

Lesen Sie sich anschließend ‚Ihr‘ Gedicht mehrmals durch.

Machen Sie sich Notizen zu formalen und sprachlichen Besonderheiten (Verse, Reim, Metrum, Wortwahl). Formulieren Sie eine erste Deutungshypothese. (In dem Gedicht geht es um ...., das Gedicht bringt zum Ausdruck, dass ....)

Gruppenarbeit:

Tauschen Sie sich in der Gruppe darüber aus, diskutieren und überprüfen Sie ihre Einzelergebnisse.

Fügen Sie das Ergebnis dieser Arbeitsphase Ihrem *Portfolio* bei.

Andreas Gryphius

Menschliches Elende (1637)

Was sind wir Menschen doch! Ein Wohnhaus grimmer Schmerzen,
Ein Ball des falschen Glücks, ein Irrlicht dieser Zeit,
Ein Schauplatz herber Angst, besetzt mit scharfem Leid,
Ein bald verschmelzter Schnee und abgebrannte Kerzen.

5 Dies Leben fleucht davon wie ein Geschwätz und Scherzen.
Die vor uns abgelegt des schwachen Leibes Kleid
Und in das Totenbuch der großen Sterblichkeit
Längst eingeschrieben sind, sind uns aus Sinn und Herzen.

Gleich wie ein eitel Traum leicht aus der Acht[1] hinfällt
10 Und wie ein Strom verscheußt[2], den keine Macht aufhält,
So muss auch unser Nam, Lob, Ehr und Ruhm verschwinden.

Was itzund Atem holt, muss mit der Luft entfliehn,
Was nach uns kommen wird, wird uns ins Grab nachziehn.
Was sag ich? Wir vergehn wie Rauch von starken Winden.

---

[1] *Acht*: Achtsamkeit
[2] *verscheußen*: verschwinden, versiegen

Arbeitsblatt 2
(2)

Andreas Gryphius

An sich selbst (1643)

Mir grauet vor mir selbst, mir zittern alle Glieder,
Wenn ich die Lipp und Nas und beider Augen Kluft,
Die blind vom Wachen sind, des Atems schwere Luft
Betracht und die nun schon erstorbnen Augenlider.

5 Die Zunge, schwarz vom Brand, fällt mit den Worten nieder
Und lallt, ich weiß nicht was; die müde Seele ruft
Dem großen Tröster zu, das Fleisch reucht nach der Gruft;
Die Ärzte lassen mich, die Schmerzen kommen wieder.

Mein Körper ist nicht mehr als Adern, Fell und Bein;
10 Das Sitzen ist mein Tod, das Liegen meine Pein;
Die Schenkel haben selbst nun Träger wohl vonnöten.

Was ist der hohe Ruhm und Jugend, Ehr und Kunst?
Wenn diese Stunde kommt, wird alles Rauch und Dunst,
Und eine Not muss uns mit allem Vorsatz töten.

Friedrich von Logau

Krieg und Friede (1654)

Die Welt hat Krieg geführt weit über zwanzig Jahr.
Nunmehr soll Friede sein, soll werden, wie es war.
Sie hat gekriegt um das, o lachenswerte Tat,
Was sie, eh sie gekriegt, zuvor besessen hat.

Paul Fleming

Zur Zeit seiner Verstoßung (erschienen 1642)

Ein Kaufmann, der sein Gut nur einem Schiffe traut,
Ist hochgefährlich dran, indem es bald kann kommen,
Dass ihm auf einen Stoß sein Ganzes wird genommen.
Der fehlt, der allzuviel auf ein Gelücke traut.

5 Gedenk ich nun an mich, so schauert mir die Haut;
Mein Schiff, das ist entzwei. Mein Gut ist weggeschwommen.
Nichts mehr, das ist mein Rest; das machet kurze Summen.
Ich habe Müh und Angst, ein andrer meine Braut.

Ich Unglückseliger! Mein Herze wird zerrissen,
10 Mein Sinn ist ohne sich. Mein Geist zeucht von mir aus,
Mein Alles wird nun Nichts. Was wird doch endlich draus?

Arbeitsblatt 2
(3)

Wär eins doch übrig noch, so wollt ich alles missen.
Mein teuerster Verlust, der bin selbselbsten ich.
Nun bin ich ohne sie, nun bin ich ohne mich.

Christian Hofmann von Hofmannswaldau

Die Welt (1647/48)

Was ist die Welt und ihr berühmtes Glänzen?
Was ist die Welt und ihre ganze Pracht?
Ein schnöder Schein in kurzgefassten Grenzen,
Ein schneller Blitz bei schwarzgewölkter Nacht,
5 Ein buntes Feld, da Kummerdisteln grünen,
Ein schön Spital, so voller Krankheit steckt,
Ein Sklavenhaus, da alle Menschen dienen,
Ein faules Grab, so Alabaster deckt.
Das ist der Grund, darauf wir Menschen bauen
10 Und was das Fleisch für einen Abgott hält.
Komm, Seele, komm und lerne weiter schauen,
Als sich erstreckt der Zirkel dieser Welt!
Streich ab von dir derselben kurzes Prangen,
Halt ihre Lust für eine schwere Last:
15 So wirst du leicht in diesen Port gelangen,
Da Ewigkeit und Schönheit sich umfasst.

Gerhard Tersteegen

Ohn Sterben kommt man nicht zum Leben (vor 1729)

Ohn Sterben kommt man nicht zum Leben
Und ohne Leiden nicht zum Tod:
Willst du dem Leiden widerstreben,
So machst du dir nur größre Not.

Textquellen:
– Andreas Gryphius: Menschliches Elende. In: Das große deutsche Gedichtbuch: von 1500 bis zur Gegenwart. Neu herausgegeben und aktualisiert von Karl Otto Conrady. München: Verlag Artemis und Winkler, 4. Aufl. 1995, S. 40
– Andreas Gryphius: An sich selbst. In: Das große deutsche Gedichtbuch. Hrsg. von Karl Otto Conrady. Königstein/Ts.: Athenäum Verlag 1978, S. 112
– Friedrich von Logau: Krieg und Friede. Ebenda, S. 96
– Paul Fleming: Zur Zeit seiner Verstoßung. Ebenda, S. 86
– Christian Hofmann von Hofmannswaldau: Die Welt. In: Das große deutsche Gedichtbuch: von 1500 bis zur Gegenwart. Neu herausgegeben und aktualisiert von Karl Otto Conrady. München: Verlag Artemis und Winkler, 4. Aufl. 1995, S. 66
– Gerhard Tersteegen: Ohn Sterben kommt man nicht zum Leben. Aus: Theodor Echtermeyer, Benno von Wiese: Deutsche Gedichte. Von den Anfängen bis zur Gegenwart. Auswahl für Schulen. Das 20. Jahrhundert durchgesehen und bearbeitet von Elisabeth Katharina Paefgen. Berlin: Cornelsen Verlag 1993, S. 123

Arbeitsblatt 3 (1)

Poetik des Barock

Einzelarbeit:

Lesen Sie sich die Texte gründlich durch und überprüfen Sie, welche der in den Texten genannten Phänomene auf Ihr Gedicht zutreffen. Markieren Sie entsprechende Textstellen.

Gruppenarbeit:

Tauschen Sie anschließend ihre Ergebnisse in der Gruppe aus und halten Sie ihr Gesamtergebnis stichwortartig fest.

Bereiten Sie sich jetzt einzeln darauf vor (max. 5 Min.), ihre bisherigen Informationen zum Barock und die Ergebnisse Ihrer ersten Texterschließung Ihren Gruppenmitgliedern in einem Kurzvortrag (ca. 4 Min.) zu präsentieren.

Verteilen Sie danach per Los die folgenden Funktionen in Ihrer Gruppe: Vortragende/r, Zeitwächter/in, Beobachter/in (1): sprachliche Darstellung, Beobachter/in (2): Analyseaspekte

Alle hören aktiv zu!

Anschließend erfolgt ein kurzes Feedback an den/die Vortragende/n.

Fügen Sie das Konzept für Ihren Kurzvortrag Ihrem Portfolio bei.

Text 1: Informationen aus der Literaturwissenschaft

Das Wort **Barock** kommt vom Portugiesischen „barroca", bedeutet ‚schiefrunde Perle' und wurde zunächst abwertend gebraucht. Der Begriff Barock als Epochenbezeichnung setzte sich erst um die Mitte des 19. Jahrhunderts durch.

In seinem Werk „Buch von der Deutschen Poeterey" (1624) entwickelte Martin Opitz (1597–1639) eine Dichtungslehre, die der deutschen Sprache mit all ihren Besonderheiten den Rang einer anerkannten literarischen, poetischen Ausdrucksform gab. Auf nationalhumanistischer Grundlage entstand so eine Literatur des deutschen Barock, die durch ihre Poetik die Anerkennung erlangte, gleichberechtigt neben der anderer europäischer Staaten (vor allem Italien und Frankreich) zu stehen, aber auch neben der Verssprache der Antike. Opitz verweist in seinem Werk auf die Würde und soziale Verantwortung des Dichters, betont den nationalen Charakter der Literatur und definiert das Wesen der Poesie in Bezug auf die neu entstandene deutschsprachige Kunstdichtung.

In diesem Zusammenhang gibt er Regeln vor, wie reines und klares Deutsch in angemessener Weise zu verwenden sei, um literarisch anspruchsvoll Eingang in die Poesie zu finden. Hierzu gibt er zahlreiche Beispiele und illustrierte Hinweise auf empfehlenswerte Vers-, Strophen- und Gedichtformen, die für eine Literatur in deutscher Sprache zu verwenden seien.

Vor allem zwei Regeln stellt er in den Vordergrund: Deutscher poetischer Ausdruck verlangt nach **alternierenden Versen** (Jambus und Trochäus) und bei der **Betonung** gilt der ‚natürliche' Wortakzent, so wie er in der gesprochenen deutschen Sprache vorliegt.

Im Laufe des Barock wurden die metrischen Regeln mehr und mehr erweitert. Schon in der zweiten Auflage seiner eigenen Poetik erlaubt Opitz auch den Daktylus, bis Philipp von Zesen in seiner Poetik (Deutscher Helikon, 1640) nicht nur Daktylus und auch Anapäst legitimiert, sondern sogar verschiedene Versmaße in einem Vers zulässt.

Die von Opitz aufgestellte Betonungsregel behält allerdings die gesamte Barockzeit über Gültigkeit. In der zweiten Hälfte des 17. Jahrhunderts erschienen dann mehr und mehr Poetiken und Handbücher, bis hin zu detaillierten Anleitungen zum Verfassen von Gedichten. Reimlexika, Reimregister, Sammlungen poetischer Redensarten, Zusammenstellung poetischer Beschreibungen, Vorschriften wie und über was der Dichter zu schreiben hat, all das gab der Poesie immer mehr einen handwerklichen Charakter. Die Dichtung, da war man sich einig, habe vor allem eine dienende Funktion, sie ist als Ausbildung zu verstehen: als Ausbildung zur Beredtsamkeit, zu guten Manieren und zu angemessenem Ausdruck, zu formvollendeter Rede. Und all das ist erlernbar.

Sonett und Epigramm waren als Gedichtformen in der Barockzeit die mit Abstand beliebtesten. Dem Sonett, bestehend aus zwei Quartetten und zwei Terzetten, weist Opitz das Reimschema abba abba ccd ccd zu und folgt damit der französischen Tradition. In Italien hatten die Terzette ein unterschiedliches Reimschema (cdc dcd). Alle Versuche, diese strikten Reimvorgaben zu lockern oder zu

Arbeitsblatt 3
(2)

erweitern, waren nicht von Erfolg gekrönt. Die vierzehn Verse des Sonetts standen in festen Reimvorgaben und mit fester Metrik. Opitz legte den **Alexandriner**, einen sechshebigen Jambus mit einer Zäsur nach der dritten Hebung, als verbindliches Versmaß fest. Daneben, wenn auch zahlenmäßig deutlich unterlegen, gab es noch den **vers commun**, den ‚gemeinen verse', bestehend aus einem fünfhebigen Jambus (10 bis 11 Silben) mit einer Zäsur nach der zweiten Hebung. Mit der Auflockerung des alternierenden Versmaßes veränderten sich aber im Laufe der Zeit auch die strikten Vorgaben.

Neben dem Sonett ist das **Epigramm** eine überaus beliebte Gedichtform des Barock. Geschätzt wird es wegen seiner Kürze und Scharfsinnigkeit. An diesen elementaren Qualitäten des ‚Sinngedichts', wie Zesen das Epigramm nennt, halten alle Theoretiker der Barockzeit fest. Was jedoch unter ‚kurz' zu verstehen ist, variiert vielfach. Den ‚richtigen' Umfang sehen die meisten bei zwei bis sechs Versen. Die Scharfsinnigkeit, oder wie Opitz es nennt, die Spitzfindigkeit, besteht zumeist aus einer Schlusspointe, die eine Widersprüchlichkeit aufdeckt, die Diskrepanz von Anspruch und Wirklichkeit entlarvt, menschliche Laster und Unzulänglichkeiten offenlegt oder gar satirische Kritik an Politik, Krieg und Absolutismus übt.

Autorentext

Text 2: Sprachgesellschaften

Fast alle bürgerlichen deutschen Dichter des Barock gehörten dem Gelehrtenstand an. Sie waren Geistliche, Professoren, Ärzte oder Beamte und sie alle waren mit Rhetorik und Poetik vertraut. Gemeinsam mit dichtenden Adeligen schloss man sich in Sprachgesellschaften zusammen, mit dem Ziel, eine von lateinischen und französischen Fremdwörtern gereinigte, von regionalen Ausprägungen befreite, normierte höfische deutsche Sprache zu entwickeln, die einer Kunstdichtung nach den Regeln der europäischen Renaissancekultur genügte. Die wichtigste dieser Sprachgesellschaften war die 1617 von Fürst Ludwig von Anhalt-Köthen gegründete „Fruchtbringende Gesellschaft", auch „Palmenorden" genannt, die in ihrer Blütezeit (1640 – 80) über 500 Mitglieder hatte (darunter so wichtige Dichterpersönlichkeiten wie Opitz, Harsdörffer, Schottel, Rist, v. Zesen, v. Logau und Gryphius). Der Palmenorden entwickelte sich letztendlich zur ersten deutschen Sprachakademie, die ein auf einheitlicher Sprache und Literatur aufgebautes Nationalbewusstsein schaffen wollte.

Autorentext

Text 3: Antithetik

Eine grundlegende Rolle spielt in der Barockdichtung die Antithese. Wörter, Versteile, Halbverse und ganze Verse werden einander gegenübergestellt und die Antithesen kettenartig aneinandergereiht. Dadurch entsteht der Eindruck der Parallelität, den noch der Gebrauch von Anaphern steigern kann, die in der Dichtung des 17. Jahrhunderts besonders gern verwendet werden. Einen Grenzfall bildet hier ein Gedichttyp, der neben der horizontalen Parallelität die vertikale Parallelität unterstreicht, indem die beiden Halbverse jeder Verszeile einander gegenübergestellt werden. Die vertikale Parallelität kann auch durch eine Kette von Anaphern entstehen, die das erste Wort aller Verszeilen des Gedichtes bildet, das gleichzeitig der Hauptbegriff des Gedichtes ist. So wird das Anfangswort jedes Verses stark belastet, was das Verstempo beeinflusst. In den Gedichten, in denen die Parallelität ausgespielt wird, konnte der Dichter seine ganze Variationskunst unter Beweis stellen.

Eine Reihe von antithetischen Gegenüberstellungen wird manchmal als „Position" und „Negation" angeordnet, wobei der Dichter sich der correctio bedienen kann. Dadurch wird der Rhythmus des Gedichtes abwechselnd beschleunigt und gehemmt und so ein dramatischer Effekt erzielt.

Aus: Marian Szyrocki: Die deutsche Literatur des Barocks, © Philipp Reclam jun. GmbH & Co., Stuttgart.

Arbeitsblatt 4 a (1)

Leitmotive der Barockliteratur

Einzelarbeit:

Lesen Sie den abgedruckten Text gründlich durch. Formulieren Sie anschließend drei Einträge für ein „Lexikon des Barock", indem Sie die Begriffe ‚Vanitas-Gedanke', ‚Memento Mori' und ‚Carpe Diem' definieren.

Gruppenarbeit:

Besprechen Sie anschließend Ihre Ergebnisse in der Gruppe und einigen Sie sich auf eine Formulierung, die den jeweiligen Begriff umfassend definiert.

Fügen Sie die überarbeiteten Definitionen Ihrem *Portfolio* bei.

Keine Epoche der europäischen Kulturgeschichte ist so von Widersprüchen geprägt wie das Zeitalter des Barock, und doch hat es durch die dauernde Synthese der unterschiedlichen Elemente kaum je einen derart dichten Zusammenhang in Literatur, Malerei und Musik gegeben. Hatten Humanismus und Renaissance den Blick auf das Diesseits ge-
5 lenkt und ein säkularisiertes Weltbild entworfen, so verändert das Barock, ganz im Zuge der Gegenreformation, wieder die Perspektive: Der Tod ist allgegenwärtig, die durchaus vorhandene Weltlust ist stets von der Gewissheit ihrer Endlichkeit überschattet. Die Welt wird zwar nicht mehr wie im Mittelalter als Jammertal gesehen, aber ihre Freuden und ihre Schönheit haben keinen Bestand. Für das transzendente Bewusstsein der Epoche ist
10 alles Irdische nur Schein und Trug – und dennoch wird es nicht negiert, sondern gerade aufgrund seiner fehlenden Dauerhaftigkeit zum Objekt des gesteigerten Interesses, ja der Begierde.

Auch die deutsche Barockliteratur steht im Spannungsfeld von Lebensfreude und Todesbangen, Weltgenuss und Jenseitssehnsucht. Nirgendwo hatte sich der Tod als so allmäch-
15 tig, irdisches Glück als so wechselhaft, Hab und Gut als so unsicher erwiesen wie in den vom Dreißigjährigen Krieg heimgesuchten Gebieten des Heiligen Römischen Reiches Deutscher Nation. Vergänglichkeit heißt das Schlagwort [...] – immer ist die Unbeständigkeit alles Materiellen zugleich Ausdruck der Todesgewissheit, aus jeder Zeile tönt das Memento Mori (‚Gedenke des Sterbens'), welches das damalige Lebensgefühl durch-
20 drang.

Alles, was der Mensch sich im Diesseits ersehnt, ist „eitel": Glück, Macht, Erfolg, Reichtum, Liebe, Lust: Der Vanitas-Gedanke beherrscht alle Lebensbereiche und wird auch in der Literatur auf unterschiedlichste Weise thematisiert. Gryphius, der bedeutendste Lyriker und Dramatiker des deutschen Barock, hat in seinen Bühnenwerken, allen voran *Leo*
25 *Armenius* (1650), die menschliche Geschichte nicht als Entwicklung, sondern als Vergänglichkeit poetisch definiert; das Scheitern der Figuren geschieht nicht aus tragischem Konflikt, es erfolgt aus transzendentaler Notwendigkeit, denn ihr Streben nach Größe bedeutet bereits ihren Fall. Derselbe Vanitas-Gedanke liegt Daniel Casper von Lohensteins blutrünstigen, alle erdenklichen Laster und Verirrungen darstellenden Stücken zugrunde (u.
30 a. *Sophonisbe*, 1680), und nicht anders steht es mit dem größten Roman der Epoche, Hans Jakob Christoph von Grimmelhausens *Der Abentheuerliche Simplicissimus Teutsch* (1669), dessen Held in eine Welt der Exzesse, der Brutalität und der Gier geworfen wird und darin Höhen und Abgründe selbst durchlebt um der Erkenntnis willen, dass alles Streben eitler Wahn ist.

Arbeitsblatt 4 a
(2)

35 [...]

Nicht nur in der geistlichen Dichtung ist das Grelle und Wuchernde, das die Barockzeit oft kennzeichnet, weitgehend aufgehoben. Vor allem in der ersten Hälfte des 17. Jahrhunderts und vornehmlich im norddeutschen Raum neigt die Literatur weniger zum Höfisch-Repräsentativen, sondern trägt eher bürgerliche Züge, ist schlichter und strenger. Doch
40 auch hier wirkt sich der Geist der Epoche aus. Was sich im Extremfall als Manieriertheit und Schnörkel manifestiert, ist auch in diesen weniger ‚spektakulären‘ Barockdichtungen zu finden: der Wille zur Form, der im 16. Jahrhundert noch kaum ausgeprägt gewesen war.

[...]

45 Welche zentrale Rolle die Form im Barock spielte, zeigt sich nicht nur in [den] normativ-didaktischen Bemühungen, sondern ist in den Werken selbst deutlich feststellbar, in Lyrik, Drama und Prosa bediente man sich einer großen Vielzahl rhetorischer Figuren, bei denen vor allem Metaphern und Allegorien als besonders komplexe Wort-Sinn-Verbindungen den Vorrang genossen. Vorgeprägte Schemata wurden immer wieder verwendet:
50 Antike Topoi und die zu jener Zeit zum Volksgut gewordenen Embleme charakterisieren die Dichtwerke, die oft nur durch deren Kenntnis entschlüsselt werden können.

In diesem literarischen Gestus treffen sich die zwei Tendenzen des Barock: einerseits die Vorliebe für eine Gestaltungsweise, deren Doppelbödigkeit dem Transzendenzbewusstsein entspricht, andererseits die Neigung zum Effekthaften, die sich in der virtuosen
55 Handhabung des Sprachmaterials objektiviert. Jenseitsgewandtheit und Vergänglichkeitskult sind untrennbar verbunden mit Lebenslust, ja Lebensgier: Auf der Rückseite des „Memento Mori" steht „Carpe Diem" (‚Nutze den Tag‘).

Quelle: www.xlibris.de

Arbeitsblatt 4 b   Carpe Diem – find' ich gut!?

Stummes Schreibgespräch / Placemat („Platzdeckchen")
Stumm ist hier ernst zu nehmen. Bitte sprechen Sie nicht miteinander.
Ihre Gruppe erhält ein Plakat. Teilen Sie das Plakat entsprechend der Anzahl der Gruppenmitglieder in gleich große Teile.

In der Mitte des Plakates steht der Satz:

Ich lebe jeden Tag so, als sei es der letzte!

Einzelarbeit:
Tragen Sie in das vor Ihnen liegende Feld alles ein, was Ihnen zu dieser Aussage einfällt (Zustimmendes / Widersprechendes / Fragen / Assoziationen).
Nach ca. 5 Minuten hören Sie ein Signal. Drehen Sie bitte jetzt ihr Plakat einmal im Uhrzeigersinn, sodass Sie das beschriebene Feld ihres Nachbarn vor sich liegen haben.
Lesen Sie sich die Eintragungen durch und tragen Sie Antworten, Kommentare, Fragen oder weitere Bemerkungen ein.

Dieses wiederholt sich so oft, bis jede/r Teilnehmer/in einmal in jedes Feld eintragen konnte.

!!! immer noch schweigend !!!

Gruppenarbeit:
Nach dem Signal tauschen Sie sich ca. 10 Minuten über Ihre Eintragungen aus.

(optional) Ihr **Portfolio** *können Sie durch folgende selbständige Aufgaben ergänzen:*

– *Sie schreiben einen Essay zu den hier aufgeworfenen Fragen. Wenn Sie der/die Einzige in Ihrer Gruppe sind, der/die sich dazu entschließt, nehmen Sie das Plakat als Textmaterial mit nach Hause. Sollten sich mehrere Ihrer Gruppe zu diesem Schritt entschließen, sichern sie die Materialverteilung selbst. Der Titel des Essays könnte lauten:* **Carpe Diem – find ich gut!?**

– *Sie schreiben eine eigene, aktuelle Fassung des Gedichts „Es ist alles eitel". Behalten Sie die Sonett-Form bei.*

Arbeitsblatt 5   Andreas Gryphius: Es ist alles eitel

Einzelarbeit:

Analysieren Sie das Gedicht „Es ist alles eitel" von Andreas Gryphius. Gehen Sie bei Ihrer Analyse besonders auf die sprachlichen und formalen Besonderheiten und auf das dem Gedicht zugrunde liegende Lebensgefühl ein.

Andreas Gryphius

Es ist alles eitel (ca. 1637)

Du siehst, wohin du siehst, nur Eitelkeit auf Erden,
Was dieser heute baut, reißt jener morgen ein;
Wo itzund Städte stehn, wird eine Wiese sein,
Auf der ein Schäferskind wird spielen mit den Herden.

5 Was itzund prächtig blüht, soll bald zutreten werden.
Was itzt so pocht und trotzt, ist morgen Asch und Bein;
Nichts ist, das ewig sei, kein Erz, kein Marmorstein.
Itzt lacht das Glück uns an, bald donnern die Beschwerden.

Der hohen Taten Ruhm muss wie ein Traum vergehn.
10 Soll denn das Spiel der Zeit, der leichte Mensch, bestehn?
Ach, was ist alles dies, was wir vor köstlich achten,

Als schlechte Nichtigkeit, als Schatten, Staub und Wind,
Als eine Wiesenblum, die man nicht wiederfind't!
Noch will, was ewig ist, kein einig[1] Mensch betrachten!

In: Das große deutsche Gedichtbuch: von 1500 bis zur Gegenwart. Neu herausgegeben und aktualisiert von Karl Otto Conrady. München: Verlag Artemis und Winkler, 4. Aufl. 1995, S. 39

Partnerfeedback:

Tauschen Sie mit einem Mitglied Ihrer Gruppe Ihre Analyse aus und werten Sie das Arbeitsergebnis des Partners/der Partnerin aus. Geben Sie Ihrem Partner/Ihrer Partnerin auf dem Rückmeldebogen 1 eine sinnvolle Rückmeldung über die geleistete Arbeit.

Fügen Sie Ihre Analyse mit der namentlich gekennzeichneten Rückmeldung des Partners/ der Partnerin Ihrem *Portfolio* bei.

---

[1] einziger

Rückmeldebogen 1   Andreas Gryphius: Es ist alles eitel (Gedichtanalyse)

für: _____ von _____ Datum:

Kriterien	differnzierte Kommentare
Der Einleitungssatz	
Die Thematik ist benannt; eine erste Deutungshypothese ist formuliert.	
Merkmale der formalen Struktur (Sonett, Epigramm, ...) sind benannt und belegt.	
Die Empfindung/Position des lyrischen Ichs ist differenziert dargestellt und belegt.	
Ein sinnvoller **Zusammenhang** wird hergestellt zwischen den Ergebnissen der Textarbeit und dem Verständnis der Leitmotive der Barockliteratur.	
Die Deutungsarbeit **verbindet** sinnvoll inhaltliche, sprachliche und formale Beobachtungen.	
Die anfängliche **Deutungshypothese** wird überprüft.	
Fachbegriffe werden sinnvoll verwandt.	
Die Darstellungsleistung: Sprachlicher Ausdruck Satzbau und Grammatik Rechtschreibung und Zeichensetzung Korrekte Zitate	

Arbeitsblatt 6

Historischer Hintergrund (Aufgabenstellung)

Gruppenarbeit:

*Sie erhalten fünf Texte zum historischen Hintergrund der Barockzeit. Teilen Sie die Texte innerhalb der Gruppe auf, jedes Gruppenmitglied muss einen Text bearbeiten. (Die Texte 6a bis 6c **müssen** bearbeitet werden.) Die Informationen aller bearbeiteten Texte gehen am Schluss in ein gemeinsames Schaubild ein.*

Einzelarbeit:

Erarbeiten Sie den Inhalt Ihres Textes mit dem Ziel, die zentralen Informationen in maximal sechs Kernaussagen zu formulieren.

Gruppenarbeit:

Bilden Sie mit den MitschülerInnen, die den gleichen Text bearbeitet haben, eine Gruppe (4–5 TeilnehmerInnen). Tauschen Sie Ihre Ergebnisse aus und einigen Sie sich auf sechs gemeinsame Kernaussagen. Visualisieren Sie Ihre Ergebnisse in einem Schaubild.

Wählen Sie in Ihrer Gruppe eine oder zwei Personen aus, die das Schaubild vor dem Plenum präsentieren.

Fügen Sie das Schaubild Ihrer Gruppe Ihrem *Portfolio* bei.

Die Themen:

Arbeitsblatt 6a: Vorgeschichte und Ursachen des Dreißigjährigen Krieges
Arbeitsblatt 6b: Der Kriegsverlauf
Arbeitsblatt 6c: Der Westfälische Friede und die Kriegsfolgen
Arbeitsblatt 6d: Der Krieg und die Bevölkerung
Arbeitsblatt 6e: Neuzeitlicher Staat und gelehrtes Bürgertum

Arbeitsblatt 6 a (1)

Vorgeschichte und Ursachen des Dreißigjährigen Krieges

Konfessionelle Gegensätze

Nach der ersten Phase der Reformation, die Deutschland konfessionell gespalten hatte, versuchten die katholischen und protestantischen Landesherren zunächst, eine für beide Seiten akzeptable Verfassungsordnung und ein Mächtegleichgewicht zwischen den Konfessionen
5 im Reich zu finden. Im Augsburger Religionsfrieden vom 25. September 1555 einigten sie sich schließlich auf den Grundsatz „Wessen Herrschaft, dessen Religion". Seither waren das katholische und das lutherische Glaubensbekenntnis als gleichberechtigt anerkannt, nicht jedoch das reformierte. Mit der weiteren Ausbreitung der Reformation gegen Ende des 16. Jahrhunderts und dem gleichzeitigen Wiedererstarken des Katholizismus in der Gegenrefor-
10 mation schwand jedoch zunehmend die Bereitschaft zum Kompromiss. Eine neue Generation von Fürsten [...] strebte danach, mit Gewalt die eigene Position auf Kosten der Gegenseite auszubauen oder verloren gegangenes Terrain zurückzugewinnen. Dazu kam das Bestreben der Calvinisten nach reichsrechtlicher Gleichstellung ihrer Konfession. Verschärft wurde die Lage in Deutschland zu Beginn des 17. Jahrhunderts durch eine Wirtschaftskrise sowie durch
15 dynastische Konflikte, die weit über den konfessionellen Gegensatz hinausgingen.

Dynastische Gegensätze

Seit Beginn des 16. Jahrhunderts versuchte Frankreich, sich aus der Umklammerung durch die Habsburgischen Territorien – Spanien, die Niederlande und die Freigrafschaft Burgund – zu lösen. Der habsburgisch-französische Konflikt um die Vorherrschaft über-
20 lagerte bis zum 18. Jahrhundert alle anderen Auseinandersetzungen in Europa, so auch den Dreißigjährigen Krieg. Beide Seiten suchten sich dabei ihre Verbündeten auch jenseits konfessioneller Grenzen. So unterstützte das katholische Frankreich die protestantischen Niederlande, die seit 1568 einen Unabhängigkeitskrieg – den sogenannten Achtzigjährigen Krieg – gegen die spanische Linie der Habsburger führten, deren Oberhaupt
25 die römisch-deutsche Kaiserkrone trug. Nach fast 40 Jahren Krieg schlossen Spanien und die Niederlande 1609 einen Waffenstillstand, der aber auf zwölf Jahre befristet war.

Verschärfung der Konfliktlage

Während der erneute Ausbruch des Kampfes um die Niederlande absehbar war, verschärften sich die konfessionellen Gegensätze im Reich: Im Jahr 1608 untersagte der protestan-
30 tische Rat der Stadt Donauwörth den Katholiken die Ausübung ihres Glaubens. Daraufhin wurde über die Stadt die Reichsacht verhängt. Herzog Maximilian I. von Bayern führte Donauwörth gewaltsam zum katholischen Glauben zurück. Als direkte Reaktion darauf schlossen sich die meisten protestantischen Reichsstände zur Protestantischen Union zusammen, um den Bestrebungen zur Rekatholisierung evangelischer Gebiete entgegenzu-
35 treten. Führer der Union war der calvinistische Kurfürst Friedrich V. von der Pfalz. Die protestantischen Fürsten betrachteten die Union vor allem als Schutzbündnis, das notwendig geworden war, da alle Reichsinstitutionen wie das Reichskammergericht infolge der konfessionellen Gegensätze blockiert waren und sie den Friedensschutz im Reich nicht mehr als gegeben ansahen. Im Gegenzug schlossen sich 1609 die katholischen
40 Reichsstände unter der Führung Maximilians I. von Bayern – einem Wittelsbacher wie Friedrich V. – zur Katholischen Liga zusammen. Die Liga wollte das bisherige Reichssystem aufrechterhalten und das Übergewicht des Katholizismus im Reich bewahren.

Arbeitsblatt 6 a
(2)

Konfessionelle und dynastische Spannungen hatten mittlerweile in ganz Europa ein enormes Konfliktpotenzial angehäuft. Diese Spannungen hätten sich beinahe bereits 1610 im
45 Jülich-Klevischen Erbfolgestreit entladen und zum Ausbruch eines großen, gesamteuropäischen Krieges geführt. Vorerst aufgehalten wurde diese Entwicklung durch die Ermordung des französischen Königs Heinrich IV., der die treibende Kraft hinter dem anti-habsburgischen Bündnis gewesen war.

Der Ausbruch des Krieges

50 Der Auslöser, der zum Ausbruch des großen Krieges führte, war schließlich der Aufstand der mehrheitlich protestantischen böhmischen Stände im Jahr 1618. Im Streit um die Nutzung einer Kirche in dem böhmischen Dorf Braunau hatte der streng katholische, gegenreformatorisch gesinnte österreichische Erzherzog und König von Böhmen Ferdinand II., der 1619 zum Kaiser gewählt werden sollte, den Majestätsbrief widerrufen, der
55 den Protestanten in Böhmen Religionsfreiheit zugesichert hatte.

Die Aufständischen schritten im Mai 1618 zu einer in Böhmen traditionellen Form des Protests und warfen die kaiserlichen Räte Martinitz und Wilhelm Slavata sowie einen Sekretär aus einem Fenster der Prager Burg. Die kaiserlichen Räte überlebten den Fenstersturz; dies wurde von katholischer Seite als göttliche Fügung gewertet. [...] Dieser Zweite Prager Fens-
60 tersturz am 23. Mai 1618 gilt bis heute als Auslöser des Krieges.

Die böhmischen Stände beriefen sich auf ihr angestammtes Recht, ihren König selbst zu wählen, und erklärten 1619 Ferdinand für abgesetzt. Statt seiner wählten sie den Kurfürsten Friedrich V. von der Pfalz, das Oberhaupt der Protestantischen Union im Reich. Beeinflusst von seinem Minister, Christian I. von Anhalt-Bernburg, akzeptierte der 23-jährige
65 Friedrich die Wahl, erhielt von den protestantischen Reichsständen nach der Unterzeichnung des Ulmer Vertrags jedoch nicht die erhoffte militärische Unterstützung. Dennoch zog Friedrich in Prag ein, da er auch auf die Unterstützung von calvinistischer Seite, etwa der Niederlande, und von Seiten seines Schwiegervaters, König Jakobs I. von England hoffte. Auch diese Erwartungen erfüllten sich nicht, sodass Friedrich weniger als ein Jahr
70 in Prag regieren und als „Winterkönig" in die Geschichte eingehen sollte.

Der Aufstand der böhmischen Stände stellte die kaiserliche Vorherrschaft grundsätzlich in Frage. Ferdinand II. konnte dies nicht akzeptieren, ohne seine Macht im Reich zu gefährden. Da ihm aber selbst die Mittel für einen Krieg mit Friedrich V. und den böhmischen Ständen fehlten, schloss er mit Maximilian I. von Bayern den Vertrag von München. Dem-
75 nach sollte der Herzog den böhmischen Aufstand mit einer Armee der Katholischen Liga niederschlagen. Im Gegenzug sollte der bayerische Wittelsbacher die Kurwürde seines pfälzischen Vetters Friedrich erhalten und die Oberpfalz für Bayern annektieren dürfen.

Mit der Entsendung der Liga-Truppen unter der Führung des bayerischen Feldherrn Johann Tserclaes Tilly nach Böhmen trat der Konflikt endgültig in die kriegerische Phase
80 ein. Alle Beteiligten waren entscheidende Schritte zu weit gegangen: Ferdinand II., der seine katholische Überzeugung über Frieden und Kompromiss in seinem Herrschaftsbereich stellte; Friedrich V., der eine Krone akzeptierte, die traditionell den Habsburgern zustand, wohlwissend, dass Ferdinand II. schon aus Gründen der Reputation nicht kampflos auf sie verzichten konnte, und schließlich Maximilian I., der die Unterstützung des
85 Kaisers von Forderungen abhängig machte, die das Mächtegleichgewicht im Reich so stark zugunsten des Katholizismus verschieben mussten, dass die protestantischen Fürsten dies nicht würden hinnehmen können.

Quelle: www.wikipedia.org/wiki/Dreißigjähriger_Krieg

Arbeitsblatt 6 b (1)

Der Kriegsverlauf

Was [...] auf den ersten Blick wie eine lokale Krise aussehen konnte, besaß von Anfang an weitverzweigte Auswirkungen. Die Alarmglocken schlugen auf dem ganzen Kontinent, denn Protestanten und Katholiken glaubten gleichermaßen, dass das Schicksal ihrer Religion durch den Ausgang der Ereignisse in Böhmen (1618 d. Verf.) bestimmt würde. Die

5 Fürsten des Reiches wurden in den böhmischen Konflikt hineingezogen, entweder als Mitglieder der protestantischen Union oder der katholischen Liga. Die Annahme der böhmischen Krone durch den pfälzischen Kurfürsten stellte einen Bruch des Reichsfriedens und eine offene Herausforderung der Autorität und der Vormachtstellung des Hauses Habsburg dar. Da es dem neuen Kaiser [Ferdinand II. v. Habsburg, d. Verf.] jedoch an Geld

10 und Truppen mangelte, um die Rebellion niederzuschlagen, wandte er sich an die einzige Quelle, die ihn mit beidem reichlich versorgen konnte – das Spanien Philipps III.

[...]

Das protestantische Europa hatte allen Grund zur Beunruhigung. Im Schicksal Böhmens sah es sein eigenes Schicksal im Kleinen. Den siegreichen Habsburgern folgte die poli-

15 tische Repression auf dem Fuße. Die Ländereien der böhmischen Rebellen wurden eingezogen und Ferdinand startete eine systematische Kampagne zur Rückgewinnung der tschechischen Lande für Rom.

[...] Die protestantischen Mächte, die dem pfälzischen Kurfürsten offenkundig wirksame Hilfe versagt hatten, mussten auf alle erdenkliche Art und Weise ihre Kräfte sammeln, um

20 die habsburgische Gefahr einzudämmen.

[...]

Dänemarks kostspielige Intervention in den deutschen Konflikt sollte im folgenden Jahr ein Desaster erleben. In der Zwischenzeit hatte Ferdinand II. endlich das erwerben können, was ihm bis dahin gefehlt hatte: eine Armee, die er sein Eigen nennen konnte. Aus-

25 gehoben wurde sie durch Albrecht von Wallenstein, einen tschechischen Adligen, der der größte militärische Unternehmer des Zeitalters werden sollte. [...]

[Dänemarks] Teilnahme am deutschen Konflikt sollte mit einer Demütigung enden, während Wallenstein die kaiserliche Armee nach Norden führte, das Herzogtum Mecklenburg besetzte und die Hansestadt Stralsund mit ihrem Ostseehafen belagerte. Doch Stralsund

30 leistete dem Angriff des kaiserlichen Heeres erfolgreich Widerstand, sodass Wallenstein zum Rückzug gezwungen wurde. Das Scheitern der Belagerung Stralsunds erwies sich als schwerer Schlag für Spanien und die Sache Habsburgs. [...]

Im Reich, wo die deutschen Fürsten – katholische und protestantische gleichermaßen – durch den Machtzuwachs des Kaisers und durch Ferdinands religiöse Unnachgiebigkeit

35 zunehmend beunruhigt waren, ließ sich die französische Diplomatie auf einen schwierigen Balanceakt ein, indem sie versuchte, Maximilian von Bayern und der katholischen Liga Angebote zu machen, ohne sich die Protestanten zu entfremden. Doch zunächst setzte Richelieu darauf, die gewaltige Militärmacht Schweden in die antihabsburgische Partei einzubinden.[...]

40 Durch die militärische Intervention Schwedens in Deutschland wurde eine starke und disziplinierte Kriegsmaschinerie unter einem genialen Befehlshaber entfesselt. Der Zweck des Eingreifens Gustav Adolfs scheint zunächst begrenzt gewesen zu sein. Durch Spaniens Ostseepläne provoziert, wollte er Norddeutschland von feindlichen Kräften befreien, den Status quo der Vorkriegszeit in der Region wiederherstellen und einen Seestützpunkt

Arbeitsblatt 6 b
(2)

45 an der deutschen Küste errichten, der die Sicherheit und Freiheit des Ostseehandels sichern helfen würde. Doch – wie bei so vielen anderen Kriegsbeteiligten – brachte jeder neue Vorstoß neue Verwicklungen mit sich, und für Gustav Adolf gab es kein Zurück, weil er im gesamten antihabsburgischen Europa sowohl als Garant der „deutschen Libertät" als auch als Anführer der protestantischen Sache begrüßt wurde.

50 Gustav Adolf hatte den Zeitpunkt für seine Invasion in Pommern gut gewählt. Indem sie die Absetzung Wallensteins forderten, hatten die deutschen Fürsten versucht, dem Kaiser die Flügel zu stutzen, und nur wenige Wochen nach der schwedischen Landung in Deutschland sah Ferdinand sich genötigt, den General, der so glänzende Erfolge für die habsburgische Sache errungen hatte, zu entlassen. Diejenigen Teile der kaiserlichen Armee, die aus Mantua zurück waren, verschmolzen mit Truppen der katholischen Liga unter dem Oberbefehl Tillys und die vereinten Streitkräfte belagerten die standhafte, protestantische Stadt Magdeburg, die dem Kaiser getrotzt und sich zur Unterstützung Gustav Adolfs bekannt hatte. Die Schweden waren nicht in der Lage, rechtzeitig durchzustoßen, um ihren Verbündeten zu retten. Am 20. Mai 1631, nachdem sie entsetzliche Not gelitten

60 hatte, kapitulierte Magdeburg und die siegreichen kaiserlichen Truppen machten die Stadt plündernd und brandschatzend dem Erdboden gleich und töteten einen Großteil der 20 000 Einwohner – ein Ereignis, das als Inbegriff des Dreißigjährigen Krieges gilt.

Die Zerstörung [...] löste im protestantischen Europa Wellen der Empörung aus. Die gesamte Hoffnung richtete sich nunmehr einzig auf Gustav Adolf und seine Schweden als

65 Retter. [...] Unterstützt durch seine protestantischen deutschen Verbündeten errang Gustav Adolf am 17. September bei Breitenfeld einen großen Sieg über Tilly, und die Feldzüge des Jahres 1632 sollten ihm weitere Erfolge bringen. Zu Beginn des Frühlings wurde Tilly getötet und die schwedische Armee marschierte weiter nach Bayern hinein. Im Mai zog Gustav Adolf in Begleitung des pfälzischen Kurfürsten Friedrich im Triumph in Maximi-

70 lians Hauptstadt München ein, während protestantische Streitkräfte das Herzogtum verwüsteten.

Nun, da Wien selbst bedroht war, wandte sich Ferdinand in seiner Verzweiflung an Wallenstein und holte ihn zurück, damit er eine neue kaiserliche Armee aufstelle und anführe, um in einem letzten Aufgebot die Sache Habsburgs zu retten. Am 16. November 1632

75 standen sich die Armeen Gustav Adolfs und Wallensteins in Lützen gegenüber. Obgleich die Kaiserlichen in der dann folgenden Schlacht schwer getroffen wurden, erlitten die Schweden einen unersetzlichen Verlust. Als sich das Schlachtengetümmel auflöste, fand sich Gustav Adolf unter den Gefallenen.

Mit seinen zwei kometenhaften Feldzugsjahren im Reich hatte Gustav Adolf den Verlauf

80 des Krieges verändert. Die schwedische Intervention verwandelte ganz Deutschland endgültig in ein Schlachtfeld und brachte Tod und Zerstörung in große Gebiete wie Bayern, das vorher ungeschoren davongekommen war. Außerdem rettete sie in einem kritischen Augenblick die protestantische Sache und damit die Freiheiten der deutschen Fürsten, die sich durch das Wiedererstarken der kaiserlichen Macht bedroht sahen. [...]

85 Wallenstein ergriff die Gelegenheit, die ihm Gustav Adolfs Tod bot, in die Offensive zu gehen. Gleichzeitig zog der Herzog von Feria, der spanische Gouverneur von Mailand, eine große spanische Armee zusammen, die im Sommer 1633 nach Norden marschierte,

Arbeitsblatt 6 b
(3)

um die habsburgische Position in Süddeutschland wiederherzustellen und die Durch-
marschroute zwischen Mailand und Brüssel zurückzuerobern. Sie war durch die schwe-
90 dischen Siege versperrt oder gefährdet und ihre Rückeroberung lebenswichtig für eine
erfolgreiche Fortführung des Krieges in den Niederlanden.
Überall wuchs die Kriegsmüdigkeit, und die einzige Hoffnung auf Frieden schien in einer
Versöhnung zwischen den deutschen Fürsten und Ferdinand II. zu liegen. Doch solange
die kaiserliche Armee von Wallenstein befehligt wurde, war an eine Versöhnung nicht zu
95 denken. [...] So entschied der Kaiser ein zweites Mal, dass Wallenstein vom Oberbefehl
entbunden werden müsse. Am 25. Februar 1634, einen Monat, nachdem Ferdinand seine
Entscheidung getroffen hatte, wurde Wallenstein in Eger ermordet. Dorthin hatte er sich
geflüchtet, als ihm klar geworden war, dass seine Armee ihn im Stich ließ.
In dem Augenblick, da sowohl Spanien als auch Frankreich wankten, die deutschen Lande
100 weiterhin durch marodierende Kriegsbanden verwüstet wurden und sich eine ausgeprägte
Kriegsmüdigkeit auf dem ganzen Kontinent von Schweden bis Norditalien und Spanien
ausbreitete, schien der Zeitpunkt gekommen für eine neue Friedensinitiative. Seit 1634
hatte (Papst) Urban VIII. immer wieder die Einberufung eines europäischen Kongresses
zur Beilegung der Streitigkeiten zwischen den kriegführenden Parteien vorgeschlagen.
105 Im Winter 1641 hatte der Kaiser einen Vorschlag der Franzosen und Schweden angenommen, zwei Kongresse gleichzeitig in Westfalen abzuhalten, wobei sich die Vertreter der
katholischen Staaten in Münster und die der protestantischen Staaten in Osnabrück bera-
ten sollten. Obwohl der Ruf nach Frieden – in Pamphleten, Flugblättern und Predigten
zum Ausdruck gebracht – unüberhörbar wurde, gab es immer noch endlose Verzöge-
110 rungen. Somit wurde es Spätsommer und Herbstanfang 1645, bis ernsthafte Verhand-
lungen in Westfalen begannen.

Aus: John Elliott: Krieg und Frieden in Europa, 1618 – 1648. In: 1648: Krieg und Frieden in Europa. Katalog-
band zur 26. Europaratsausstellung. Hrsg. von Klaus Bußmann und Heinz Schilling. Münster 1998

Im Internet unter:
http://www.lwl.org/westfaelische-geschichte/portal/Internet/finde/langDatensatz.php?urlID=406url_
tabelle=tab_texte

Arbeitsblatt 6 c

Der Westfälische Friede und die Kriegsfolgen

Im Rahmen der Hamburger Präliminarien (einigten sich die kriegsführenden Mächte) Ende 1641 schließlich, einen allgemeinen Friedenskongress in den Städten Münster (für die Katholiken) und Osnabrück (für die protes-
5 tantische Seite) abzuhalten. Zuvor war an Köln und später an Lübeck und Hamburg als Kongressorte gedacht worden. [...]

Im Westfälischen Frieden (1648) wurden neben der katholischen und der lutherischen nun auch die reformierte
10 Konfession im Reich als gleichberechtigt anerkannt. In vier konfessionell gemischten Reichsstädten wurde Parität verordnet, so in Augsburg und Biberach. Umfangreiche Regelungen betrafen die religiösen Streitfragen. Dabei fand man zu teilweise pragmatischen, teilweise auch zu
15 kuriosen Lösungen. So wurde für das Hochstift Osnabrück eine alternierende Regierung von evangelischen Bischöfen (aus dem Hause Braunschweig-Lüneburg) und katholischen Bischöfen geschaffen. Das Fürstbistum Lübeck wurde als einziges evangelisches Fürstbistum mit Sitz und
20 Stimme im Reichstag erhalten, um das Haus Gottorf mit einer Sekundogenitur zu versorgen. Für die katholischen Klöster in den erloschenen Bistümern Halberstadt und Magdeburg, die ab 1680 an Brandenburg fielen, wurden Sonderregelungen getroffen.

25 Die neue Großmacht Schweden erhielt 1648 auf Kosten des erbberechtigten Brandenburgs Vorpommern, einschließlich Stettin mit der gesamten Odermündung, die Stadt Wismar samt Neukloster sowie das Erzbistum Bremen mitsamt dem Bistum Verden als Reichslehen. Däne-
30 mark, das die sogenannten Elbherzogtümer für sich beanspruchte, wurde übergangen. Spanien einigte sich mit den Generalstaaten auf eine staatliche Unabhängigkeit. Das Erzherzogtum Österreich trat an Frankreich den Sundgau ab. Eine katholische Hegemonie über das Reich wurde
35 nicht erreicht.

Ansonsten änderte sich im Reich im Vergleich nicht viel, das Machtsystem zwischen Kaiser und Reichsständen wurde neu austariert, ohne die Gewichte im Vergleich zur Situation vor dem Krieg stark zu verschieben. Die Reichs-
40 politik wurde nicht entkonfessionalisiert, sondern nur der Umgang der Konfessionen neu geregelt. Frankreich hingegen wurde zum mächtigsten Land Westeuropas. Die Ge-

neralsstaaten (nördliche Niederlande) und die Eidgenossenschaft (Schweiz) schieden aus dem Reichsverbund aus, was im Fall der Eidgenossenschaft jedoch nur die *de jure* 45 Feststellung eines *de facto* seit Ende des Schwabenkrieges von 1499 feststehenden Umstandes war.

Teile des deutschen Reichs wurden stark verwüstet. Nach heutigen Erkenntnissen kostete der Krieg etwa drei bis vier Millionen Menschenleben bei einer Gesamtbevölkerung 50 im Reichsgebiet von rund 17 Millionen. Die meisten Opfer forderten die Seuchen ab 1634. Zu den Gewinnern des Konfliktes zählte unter anderem die Stadt Hamburg, deren Ziel der Anerkennung ihrer Reichsstandschaft zwar nicht erfüllt wurde, die jedoch große Teile des Handels mit 55 Mitteldeutschland auf sich konzentrieren konnte. Für die großen oberdeutschen Handelsmetropolen beschleunigte der Krieg noch einmal die Abschwungphase des ausgehenden 16. Jahrhunderts.

Wenig beachtet, aber von großem Schaden war, dass mit 60 der Unabhängigkeit der Niederlande und dem Verlust wichtiger Küstenregionen und Ostseehäfen an Schweden praktisch alle großen Flussmündungen unter fremdem Einfluss standen. Die deutschen Staaten hatten kaum Zugang zur Hohen See und waren damit weitgehend vom 65 überseeischen Handel ausgeschlossen. Deutschland hatte damit nicht nur den Einfluss über seine eigenen Geschicke an die umgebenden Mächte verloren, es war auch wirtschaftlich von den Chancen abgeschnitten, die der Seehandel und der Erwerb von Kolonien anderen Natio- 70 nen wie England, Schweden und den Niederlanden eröffnete.

Frankreich, England, Schweden und die Niederlande konnten sich nach dem Dreißigjährigen Krieg zu Nationalstaaten entwickeln. Mit dem aufblühenden Handel ging in 75 diesen Ländern ein Aufschwung des liberalen Bürgertums einher, dessen Ausbleiben für Deutschland kaum ermessliche geschichtliche und gesellschaftliche Folgen hatte. Das Reich bildete weiterhin einen lockeren Verbund von Fürstentümern. Wenn dieser Verbund zum wesentlichen 80 Friedensfaktor im Europa der nächsten 150 Jahre wurde, so geschah das auch auf Kosten der wirtschaftlichen Chancen Deutschlands.

Quelle: www.wikipedia.org/wiki/Dreißigjähriger-Krieg

Arbeitsblatt 6 d (1)

Der Krieg und die Bevölkerung

Die Kriege wurden unbekümmert auf dem Rücken der Bevölkerung ausgetragen. Sofern diese auf dem Lande wohnte, war sie seinen unmittelbaren Wirkungen schutzlos ausgesetzt. Aber nicht nur das. Sie musste ihn auch fi-
5 nanzieren. Obwohl die Armeen, mit denen ein Fürst, ein König, eine Republik Krieg führten, nach Ausrüstung und zahlenmäßiger Stärke, gemessen an den Massenheeren und dem Rüstungspotenzial des 19. oder gar des 20. Jahrhunderts, bescheiden waren, so waren sie immer noch
10 groß genug, um auf der Bevölkerung schwer zu lasten. Das unvollkommene und ungleiche Besteuerungswesen brachte es mit sich, dass die Lasten auf die sozial schwächsten Glieder der Gesellschaft abgewälzt wurden, und zwar vielfach ohne Rücksicht auf deren tatsächliche Leistungs-
15 fähigkeit. Abgesehen davon, dass die gesamtwirtschaftliche Entwicklung in den ersten Jahrzehnten des 17. Jahrhunderts infolge des langfristigen Konjunkturabschwungs und des Preisverfalls die Landwirtschaft besonders stark benachteiligte, litt die Agrarproduktion zusätzlich unter
20 den Verwüstungen, die der Krieg überall dort anrichtete, wo Truppen durchmarschierten oder Quartier nahmen. [...]

Die Soldaten und Heerführer waren auf allen Seiten etwa desselben Schlages. Menschliches Empfinden und Un-
25 menschlichkeit, rechtschaffene Charaktere und Raubgesindel konnte man bei den Kaiserlichen antreffen wie bei Schweden und Franzosen. Nur selten rekrutierte ein kriegführender Staat sein Militär exklusiv aus Landeskindern. Die Heere setzten sich vielmehr aus Söldnern internatio-
30 naler Provenienz zusammen; da sie auch konfessionell gemischt waren, war das Erscheinungsbild der französischen, schwedischen, kaiserlichen, bayerischen, sächsischen und sonstigen Armeen, die gegen Ende des Krieges in Deutschland hausten, allenthalben fast gleich. Es war
35 keine Ausnahme, dass Söldner, Offiziere und Generäle die Partei wechselten.
Nach zeitlicher Dauer und dem Ausmaß der Zerstörungen übertraf dieser Krieg alles zuvor Bekannte, zumal wenn man in Rechnung stellt, dass er sich für Frankreich und
40 Spanien über das Jahr 1648 hinaus bis 1659 hinzog und dass Schweden nach dem Westfälischen Frieden den lange Zeit sistierten Krieg gegen Polen wieder aufnahm. Wenn sich der Große Krieg in der Hauptsache auf deutschem

Boden abspielte, dann trug daran die politische Zersplitterung des Reiches die Hauptschuld; denn erst sie machte es 45 möglich, dass der Kaiser und sämtliche mittleren und größeren Territorialstaaten auf deutschen Gebieten gegeneinander kämpften. Wollte ein Staat neutral bleiben, so wurde er nicht selten von einer der starken Kriegsparteien gegen seinen Willen und teilweise auch gegen seine Interessen 50 zur Bundesgenossenschaft gezwungen, zum Beispiel der brandenburgische Kurfürst Georg Wilhelm von Gustav Adolf, von dem er sich danach nicht wenig musste gefallen lassen. Bisweilen wechselten die deutschen Teilnehmer die Partei, sodass man eindeutig überhaupt nicht wusste, 55 wofür man eigentlich kämpfte. Der Krieg traf die einzelnen Regionen unterschiedlich hart; nur wenige verschonte er ganz. Es gab, was die Kriegsschauplätze, die Quartiere und die Durchmarschzonen betraf, Schongebiete und ausgesprochene Verlustgebiete. Zu den Schongebieten ge- 60 hörten das westliche Niederdeutschland – etwa von Lübeck bis Holland – und die Alpenländer. Zu den am ärgsten heimgesuchten Verlustgebieten zählten Südwestdeutschland beiderseits des Oberrheins, Württemberg und die Pfalz, Franken, Hessen und Thüringen, das mittelelbische 65 Gebiet mit Anhalt und Magdeburg sowie Brandenburg und Pommern: ein breiter Diagonalstreifen, der sich von der deutschen Ostseeküste bis nach Augsburg, Breisach und den Vogesen hinzog. Zeitweilig wurden auch Westfalen und das Rheinland, Böhmen und Schlesien hart betrof- 70 fen. Andererseits gab es auch in den am stärksten heimgesuchten Regionen Zonen relativer Geborgenheit: Die Städte waren im Allgemeinen günstiger dran als das offene Land; größere Städte kamen meistens besser davon als kleinere; straßenferne Dörfer wurden viel eher ver- 75 schont als straßennahe Siedlungen. Ausnahmen gab es überall. Magdeburg, eine große, befestigte Stadt, wurde zerstört, Prag erobert und geplündert. Aufs Ganze aber erlitten die straßennahen Landgebiete im Diagonalstreifen die schwersten Verluste. [...] 80
Nach 1618 wurden die meisten deutschen Landschaften nach und nach als Durchmarsch- und Quartiergebiete in den Großen Krieg hineingezogen. Für die Menschen dieser Landstriche erwuchs ein Elend, von dem manch zeitgenössischer Chronist sagte, er wolle es „nicht beschreiben 85 und hierher zu setzen sich unterstehen; das Buch (Teninger Kirchenbuch von 1634) möchte es nicht fassen".

Arbeitsblatt 6 d
(2)

Durch die Einwirkung des Krieges steigerte sich das Wüten der Seuchen. Dazu brachte er neue Plagen: Vertreibung, Massensterben durch Hunger und Flucht, Vernichtung des individuellen Besitzes durch Raub und Brand und damit in zahllosen Fällen Zerstörung der wirtschaftlichen Existenzgrundlagen. Wie es in den Dreißigerjahren in einer mittelgroßen Stadt aussah, erfährt man aus dem Situationsbericht, den ein Darmstädter Geistlicher, der Superintendent Simon Leisring, für Landgraf Georg II. von Hessen aufzeichnete. Er hielt als Augenzeuge Vorgänge aus dem Februar 1635 fest, wie sie sich unzählige Male in ähnlicher Weise abgespielt haben mochten. Französische und Weimarische Heerhaufen ergossen sich über das Land an der Bergstraße und quartierten sich ein; die bäuerliche Bevölkerung flüchtete sich in die nächstgelegenen Städte; in diesen ballten sich die Menschen. Das führte zu Hungersnot, Krankheit und Massensterben: „Denn da ist alles weg, davon die Leute ... leben sollen. Denn es mangelt allenthalben. Die nach Darmstadt, Zwingenberg ... (und anderen Städtchen von den Flüchtenden) mitgenommenen Lebensmittel, Pferde und anderes Vieh sind geraubet oder gestorben, und was noch lebt, verschmachtet. Aber was klage ich über diesen Schaden: Das ist das allergrößte, dass solche Verwüstung auch über die Leute selbst gehet. Heute, diesen Tag, habe ich einundvierzig Personen auf den Gottesacker tragen lassen, (sodass) die Anzahl derer, die bishero, vom 1. Januar dieses 1635. Jahres, allhier begraben worden, (sich auf) sechshundert (beläuft). Nicht gerechnet, was um die Stadt herum begraben oder aus der Stadt hinaus aufs Land ganz oder halb tot getragen und geführet worden, da denn gewisslich die Beisorge zu tragen, dass mancher Pfarrer nicht den fünften, sechsten oder siebten Teil seiner Eingepfarrten finden werde." [...] In den vom Krieg am meisten betroffenen Regionen ging nahezu jedes zweite Wohnhaus in Schutt und Asche. Die Verluste waren auf dem offenen Land und in den unbefestigten Ortschaften am stärksten. In Württemberg wurden etwa fünfzig Prozent der Wohnstätten zerstört, in der Mark Brandenburg und den angrenzenden Gebieten von Mecklenburg und Pommern zwischen fünfzig und sechsundsechzig Prozent.[...]

Die Gesamtverluste lassen sich nicht genau beziffern. Sie werden etwa ein Drittel der Bevölkerung ausgemacht haben, mit vierzig Prozent Anteil bei den Landbewohnern gegenüber fünfundzwanzig Prozent bei den Städtern. Für einzelne Territorien und Landschaften sind sie ermittelt worden. Im Herzogtum Württemberg verringerte sich die Zahl der Familien um etwa sechzig bis achtzig Prozent. In der fränkisch-thüringischen Grafschaft Henneberg ging sie um mehr als die Hälfte zurück, in der Oberpfalz um ein Drittel. Insgesamt sank die Bevölkerung in Deutschland um etwa sechs Millionen von rund sechzehneinhalb im Jahr 1618 auf rund zehneinhalb Millionen Menschen im Jahr 1648. Diesen Verlust wieder aufzuholen, bedurfte es dreier Generationen.

Aus: Ernst Walter Zeeden: Hegemonialkriege und Glaubenskämpfe. In: Propyläen Geschichte Europas in sechs Bänden. Bd. 2 © 1983 Propyläen Verlag in der Ullstein Buchverlage GmbH, Berlin

Arbeitsblatt 6 e

Neuzeitlicher Staat und gelehrtes Bürgertum

Im Verlauf des 16. und 17. Jahrhunderts bildeten sich in den europäischen Monarchien neue politisch-staatliche Organisationsformen heraus, die sich so sehr von den mittelalterlichen unterschieden, dass man von der ‚Geburt'
5 des modernen (oder frühmodernen) Staates in dieser Zeit gesprochen hat. Es war ein Prozess, der allmählich zu einer größeren Konzentration der Regierungsaufgaben in den Händen der Fürsten und damit zu einer Stärkung ihrer Macht führte, während die Rechte der Stände, des Adels
10 und der Städte beschnitten wurden. Nicht überall verlief die Entwicklung zur absoluten Monarchie so eindeutig wie in Frankreich, dem weithin nachgeahmten Modell. Besonders verwickelt waren die Verhältnisse im Deutschen Reich. Hier scheiterten die reichsabsolutistischen Bestre-
15 bungen endgültig mit dem Dreißigjährigen Krieg und dem Westfälischen Frieden, in den Territorien jedoch konnten sich – in unterschiedlicher Konsequenz – absolutistische Tendenzen durchsetzen. Die Territorien verschafften sich durch die Schwächung der zentralen Reichsgewalt
20 neue Befugnisse, betrieben die Intensivierung der eigenen Regierungstätigkeit und schränkten nach Möglichkeit die Rechte der Landstände ein, d. h., Landtage wurden nicht mehr einberufen, willkürliche Steuern erhoben, alte Privilegien beseitigt, religiöser Zwang ausgeübt.
25 Mit der stetigen Zunahme der Staatsaufgaben wurde es nötig, die Landesverwaltung neu zu organisieren. Die intensive Staatstätigkeit mithilfe eines wachsenden Behördenapparates führte zu einer Vereinheitlichung des Territoriums und einer Einflussnahme des Staates auf die verschiedens-
30 ten gesellschaftlichen Bereiche, wobei Rechts- und Erziehungswesen, öffentliche Wohlfahrt und Sicherheit, Wirtschaft und Kirchenwesen in einer Fülle von Verordnungen reguliert wurden. Es blieb kaum ein Aspekt des menschlichen Lebens von dieser obrigkeitlichen Planung und Für-
35 sorge ausgenommen, der Erziehungs- und Regulierungsanspruch des staatlichen und städtischen Regiments, die Tendenz zur ‚Sozialdisziplinierung' der Untertanen (Gerhard Oestreich) kannte – in der Theorie – keine Grenzen. Die Ausweitung der staatlichen Funktionsbereiche und
40 der damit einhergehende steigende Bedarf an akademisch ausgebildeten Beamten hatte eine Aufwertung der humanistischen Gelehrtenschicht zur Folge, die einen privilegierten Platz in der Ständeordnung erobern und sich als Stütze des Staates etablieren konnte: Der humanistische Gelehrte verstand sich als idealer Staatsdiener und trat in 45 Konkurrenz mit dem Adel.

Erich Trunz hat dargestellt, wie die humanistischen Gelehrten des 16. Jahrhunderts bemüht waren, „gesellschaftlich eine geschlossene Gruppe zu bilden und als solche einen hohen Rang einzunehmen" [...]. Sie konnten sich 50 dabei auf die Theorie der *nobilitas litteraria* berufen, die in der italienischen Renaissance entstanden war und davon ausging, dass der echte Gelehrte um seiner Wissenschaft willen dem Adel gleichwertig sei, dass somit den Gelehrten als dem geistigen Adel der Nation die gleichen Privilegien 55 wie dem Geburtsadel zukämen.

Vor allem im Fürstenstaat des 16. Jahrhunderts wurden zahlreiche Funktionen in der Hof-, Gerichts- und Finanzverwaltung mit Gelehrten bürgerlicher Herkunft besetzt, da der Adel die erforderliche Kompetenz für die neuen 60 Aufgaben nicht besaß oder sich weigerte, in den Staatsdienst zu treten. Es bestand aber keineswegs ein ‚Bündnis' zwischen humanistischem Gelehrtentum und Fürstentum mit dem Ziel, den Adel zu entmachten. Die alte ständische Gliederung wurde nicht infrage gestellt, sondern es ging 65 nur darum, die politischen Ansprüche des Adels zurückzuweisen. Mit der Förderung einer humanistisch gebildeten Beamtenschaft, die sich auch in Erhebungen in den Amtsadel ausdrückte, stellten die Fürsten dem alten Adel einen Konkurrenten zur Seite und wiesen ihm zugleich 70 den Weg zur neuen Realität des Fürstendienstes. Im Verlauf des 17. Jahrhunderts kehrte sich denn auch die Entwicklung um, und mit der Festigung des absolutistischen Regiments kam es zu einer ‚Reprivilegierung' des Adels, der sich die humanistische Bildungspropaganda zunutze 75 gemacht und durch ein Universitätsstudium die erforderlichen Qualifikationen für die gehobene Beamtentätigkeit erworben hatte.

Aus: Volker Meid: Barocklyrik, S. 6 f. © 1986 J. B. Metzlersche Verlagsbuchhandlung und Care Ernst Poeschel Verlag GmbH in Stuttgart

Arbeitsblatt 7

Andreas Gryphius:
Tränen des Vaterlandes, anno 1636

Einzelarbeit:

Schreiben Sie eine vollständige Analyse des Gedichtes „Tränen des Vaterlandes, anno 1636".
(Einleitungssatz, Deutungshypothese, formale, sprachliche, inhaltliche Aspekte, literatur-
historischer und historischer Hintergrund, Überprüfung der Deutungshypothese)

Andreas Gryphius

Tränen des Vaterlandes, anno 1636

Wir sind doch nunmehr ganz, ja mehr denn ganz verheeret!
Der frechen Völker Schar, die rasende Posaun,
Das vom Blut fette Schwert, die donnernde Kartaun
Hat aller Schweiß und Fleiß und Vorrat aufgezehret.

5 Die Türme stehn in Glut, die Kirch ist umgekehret,
Das Rathaus liegt im Graus, die Starken sind zerhaun,
Die Jungfraun sind geschänd't, und wo wir hin nur schaun,
Ist Feuer, Pest und Tod, der Herz und Geist durchfähret.

Hier durch die Schanz und Stadt rinnt allzeit frisches Blut.
10 Dreimal sind schon sechs Jahr, als unser Ströme Flut,
Von Leichen fast verstopft, sich langsam fort gedrungen.

Doch schweig ich noch von dem, was ärger als der Tod,
Was grimmer denn die Pest und Glut und Hungersnot,
15 Dass auch der Seelenschatz so vielen abgezwungen.

In: Das große deutsche Gedichtbuch: von 1500 bis zur Gegenwart. Neu herausgegeben und aktualisiert von Karl Otto Conrady. München: Verlag Artemis und Winkler, 4. Aufl. 1995, S. 39

Partnerarbeit:

Tauschen Sie mit einem Mitglied Ihrer Gruppe Ihre Analyse aus und werten Sie das Arbeitser-
gebnis des Partners/der Partnerin aus. Geben Sie Ihrem Partner/Ihrer Partnerin auf dem
Rückmeldebogen 2 eine sinnvolle Rückmeldung über die geleistete Arbeit.

**Fügen Sie Ihre Analyse mit der namentlich gekennzeichneten Rückmeldung des Partners/
der Partnerin Ihrem *Portfolio* bei.**

Rückmeldebogen 2   Andreas Gryphius:
Tränen des Vaterlandes, anno 1636 (Gedichtanalyse)

für: _____ von _____ Datum:

Kriterien	differenzierte Kommentare
Der Einleitungssatz	
Die Thematik ist benannt; eine erste Deutungshypothese ist formuliert.	
Merkmale der formalen Struktur (Sonett, Epigramm, ...) sind benannt und belegt.	
Der Dreißigjährige Krieg als historischer Hintergrund ist genannt und mit zusätzlichen Informationen vertieft.	
Die Besonderheit des zweiten Terzetts ist erkannt und beschrieben (Verlust des „Seelenschatzes" schlimmer als Verlust des Materiellen).	
Ein sinnvoller **Zusammenhang** wird hergestellt zwischen der Textarbeit und dem Verständnis der Leitmotive der Barockliteratur.	
Die Deutungsarbeit **verbindet** sinnvoll inhaltliche, sprachliche und formale Beobachtungen.	
Die anfängliche **Deutungshypothese** wird überprüft.	
Fachbegriffe werden sinnvoll verwandt.	
Die Darstellungsleistung: Sprachlicher Ausdruck Satzbau und Grammatik Rechtschreibung und Zeichensetzung Korrekte Zitate	

Lehrerhinweise zu Phase I

1. Element: Einstieg

**Arbeitsblatt 1
(S. 14)**

Einstimmung in die Reihe „Barocklyrik"

Für den Beginn der Reihe ist eine Doppelstunde vorgesehen. Zur Einstimmung sollen die Schülerinnen und Schüler ohne weitere Einführung mit dem Thema ‚Barock' konfrontiert werden. Daher ist vorgesehen, das **Arbeitsblatt 1** kommentarlos auszuteilen und bearbeiten zu lassen.

Die **Frage 1** ist spontan zu beantworten, es gibt keine Musterlösung.

Antworten für die **Fragen 2 bis 5: 2.** 17. Jahrhundert – **3.** A. Gryphius und M. Opitz – **4.** Dreißigjähriger Krieg – **5.** A4 / B3 / C2 / D5 / E1. Diese Heranführung soll vom Wissensstand der Schülerinnen und Schüler ausgehen und (wissend oder ratend) ganz allgemeine Informationen zur Epoche des Barock abfragen.

Die **Aufgabe 6** soll die Schülerinnen und Schüler näher an den eigentlichen Lernprozess heranführen. Durch diese ‚Wissensstandserhebung' und Zielformulierung sollen die Schülerinnen und Schüler ihren eigenen Lernprozess initiieren und ihn am Ende der Reihe auch evaluieren können.

Nach dem Ausfüllen des Arbeitsblattes sollen die SchülerInnen in Partnerarbeit ihre Ergebnisse austauschen.

Daran anschließend soll ein Schüler/eine Schülerin die weitere Gesprächsführung übernehmen und die Ergebnisse des Arbeitsblattes abfragen und gegebenenfalls mithilfe des Plenums richtigstellen. Es sollten auch mehrere Beispiele für die Erwartungshaltungen zur Sprache kommen. Die Lehrperson sollte sich in dieser Phase (ca. 15 Min) vollkommen zurückhalten, beobachten und eventuell falsche Ergebnisse erst am Ende korrigieren.

**Übersichtsblatt
(S. 13)**

Struktur der Unterrichtsreihe

Nach diesem Einstieg, also zwischen dem 1. und dem 2. Element, sollten Sie mit den Schülerinnen und Schülern den Ablauf und einige Kernelemente der Reihe klären. Hierzu kopieren Sie die Mindmap mit dem Überblick über die Reihe oder kopieren sie auf Folie und stellen den Ablauf vor. Sie klären die Elemente, die im Unterricht bearbeitet werden sollen, und die, die als Einzelaufgaben für das Portfolio bearbeitet werden können. Falls weitere Analyseaspekte vonseiten der SchülerInnen gewünscht werden, können sie in das Leerfeld eingetragen werden.

Sie sollten die Schülerinnen und Schüler über Sinn und Zweck des Portfolios (Lernbegleitung, individuelle Zusammenstellung von Arbeitsergebnissen, Grund- und Zusatzvarianten, Abiturvorbereitung) aufklären. Durch den Wechsel von Einzel- und Gruppenarbeit ist eine klare zeitliche Vorgabe vonnöten. In jeder Gruppe soll ein Schüler oder eine Schülerin eine ‚Zeitwächterfunktion' übernehmen.

2. Element: Formale und strukturelle Merkmale

**Vorlage
(S. 16)**

Verspuzzle

Dieses Element kann auch als Einstieg benutzt werden, also alternativ zu den Einstiegsvarianten 1 und 2, vgl. Reihenübersicht, S. 10

Jeder Kursteilnehmer erhält einen Vers (ausgeschnitten aus der Vorlage S. 16) mit dem Arbeitsauftrag, durch Suchen und Befragen der anderen Kursteilnehmer die drei zum eigenen Vers passenden Verse zu finden, die sinnvoll zu einer Strophe zusammenzustellen sind. Durch diese Vorgehensweise wird auf der einen Seite eine eher zufällige Bildung von Gruppen erreicht, auf der anderen Seite eine erste intensive Beschäftigung mit strukturellen (Reim, Metrum) und thematischen Aspekten der Gedichte. Bevor die jeweilige Gruppe dann die auf die Strophe bezogenen Arbeitsaufträge durchführt, sollten alle Strophen ausgelegt werden. Die Kursteilnehmer gehen von Strophe zu Strophe und können noch Verbesserungs- bzw. Veränderungsvorschläge machen, wenn z.B. das Reimschema passt, aber inhaltlich oder metrisch nicht passende Verse zusammengefügt worden sind. (Veränderungen sind möglich.) Hier die richtige Verszusammensetzung:

Andreas Gryphius: Menschliches Elende

Was sind wir Menschen doch! Ein Wohnhaus grimmer Schmerzen,
Ein Ball des falschen Glücks, ein Irrlicht dieser Zeit,
Ein Schauplatz herber Angst, besetzt mit scharfem Leid,
Ein bald verschmelzter Schnee und abgebrannte Kerzen.

Andreas Gryphius: An sich selbst

Mir grauet vor mir selbst, mir zittern alle Glieder,
Wenn ich die Lipp und Nas und beider Augen Kluft,
Die blind vom Wachen sind, des Atems schwere Luft
Betracht und die nun schon erstorbnen Augenlider.

Gerhard Tersteegen: Ohn Sterben kommt man nicht zum Leben

Ohn Sterben kommt man nicht zum Leben
Und ohne Leiden nicht zum Tod:
Willst du dem Leiden widerstreben,
So machst du dir nur größre Not.

Friedrich von Logau: Krieg und Friede

Die Welt hat Krieg geführt weit über zwanzig Jahr.
Nunmehr soll Friede sein, soll werden, wie es war.
Sie hat gekriegt um das, o lachenswerte Tat,
Was sie, eh sie gekriegt, zuvor besessen hat.

Paul Fleming: Zur Zeit seiner Verstoßung

Ein Kaufmann, der sein Gut nur einem Schiffe traut,
Ist hochgefährlich dran, indem bald kann kommen,
Dass ihm auf einen Stoß sein Ganzes wird genommen.
Der fehlt, der allzu viel auf ein Gelücke traut.

Christian Hofmann von Hofmannswaldau: Die Welt

Was ist die Welt und ihr berühmtes Glänzen?
Was ist die Welt und ihre ganze Pracht?
Ein schnöder Schein in kurzgefassten Grenzen,
Ein schneller Blitz bei schwarzgewölkter Nacht.

Arbeitsblatt 2 (S. 17) Gedichtauswahl

Arbeitsblatt 3 (S. 20)

Poetik des Barock

Die Schülerinnen und Schüler bleiben in den durch das Verspuzzle entstandenen Gruppen. Sie erhalten die Arbeitsblätter 2 und 3. Mithilfe von **Arbeitsblatt 2** überprüfen sie (und verändern gegebenenfalls) die richtige Zusammensetzung der Verse. Anschließend bearbeiten die Gruppen ihr Gedicht nach formalen sprachlichen und ersten inhaltlichen Aspekten. Mögliche Ergebnisse:

formal: Reim, alternierendes Metrum, verhältnismäßig lange Verse, Sonett, Epigramm, rhetorische Figuren, Verse bestehen oft aus zwei Teilen (Zäsur)

inhaltlich: Schmerz und Tod, Leid und Qualen des Menschen, Krieg. Diese möglichen Ergebnisse notieren sich die Gruppen und gleichen diese dann mit den Informationen auf **Arbeitsblatt 3** ab.

Arbeitsergebnis sollte hier sein, dass sich jeder Schüler/jede Schülerin stichwortartig die formalen und sprachlichen Besonderheiten des jeweiligen Gedichtes notiert hat. Zur individuellen Leistungskontrolle erhalten die SchülerInnen das Blatt mit den Lösungsvorschlägen zu den Gedichten:

Lösungsvorschläge zur Gedichtauswahl auf Arbeitsblatt 2:

Andreas Gryphius: Menschliches Elende (1637)
Sonett, Quartette: umarmender Reim, Terzette: Schweifreim, Alexandriner (sechshebiger Jambus). Zäsur nach dritter Hebung, Anapher im zweiten Terzett bewirkt Verstärkung, Alliteration Verse 13 und 14. Metaphorik spiegelt Vanitas-Gedanken (verschmelzter Schnee, abgebrannte Kerzen) und Memento Mori (Totenbuch der großen Sterblichkeit), rhetorische Frage zu Beginn, direkte Ansprache und Einbeziehung des Lesers.
Thema: Leid, Schmerz, Tod, Nichtigkeit des Seins

Andreas Gryphius: An sich selbst (1643)
Sonett, Quartette: umarmender Reim, Terzette: Schweifreim, Alexandriner (sechshebiger Jambus), Zäsur nach dritter Hebung. Enjambements (Verse 3/4; 5/6; 6/7), Metaphorik spiegelt Vanitas-Gedanken (das Fleisch ruft nach der Gruft; Verse 12/13) und Memento Mori (Todesahnung).
Thema: Leid, Schmerz, Tod, körperlicher Verfall, Zuflucht beim Tröster

Friedrich von Logau: Krieg und Friede (1654)
Epigramm, Paarreim, Schlusspointe, Sinnlosigkeit des Krieges, Personifikation der Welt. Antithetische Gegenüberstellung.
Thema: Kritik am Krieg, logischer Beweis für Sinnlosigkeit des Krieges

Paul Fleming: Zur Zeit seiner Verstoßung (ersch. 1642)
Sonett, Alexandriner, allgemeine Lebensweisheit im 1. Quartett, Metapher: Lebensweg als Schifffahrt, Verlust der Liebe als Untergang, antithetischer Aufbau vor allem in den Terzetten, Ich-Verlust durch Liebesverlust, letzter Vers: Parallelismus bei gleichzeitiger Antithese (Trennung und Verbindung).
Thema: Verlust der Liebe, Verlust der Identität, Leiden, zerstörtes Glück

Christian Hofmann von Hofmannswaldau: Die Welt (1647/48)
16 Verse, 4 x 4 Kreuzreime, fünfhebiger Jambus (vers commun), Unterteilung in 2 x 8 Verse, Die ersten zwei Verse Fragen (Anapher), die folgenden sechs Verse (Anapher) Antworten mit allgemeinem Gültigkeitsanspruch. ‚Der Welt' in den ersten acht Versen steht ‚der Mensch' in den zweiten acht Versen gegenüber, Vanitas-Gedanke. Memento Mori, das ‚Fleisch' fault, stirbt, die Seele greift weiter als die begrenzte Welt. Neologismus: Kummerdisteln.
Thema: Scheinwelt, Leben als Qual, als Pein, als Last, Seele zu Höherem fähig

Gerhard Tersteegen: Ohn Sterben kommt man nicht zum Leben (vor 1729)
Epigramm, Kreuzreim, vierhebiger Jambus, abwechselnd weibliche und männliche Kadenz, Parallelismus (Vers 1 und 2), Paradoxon (Vers 1), Lebensweisheit, antithetischer erster Vers (Sterben/Leben), Allgemeingültigkeit behauptend. Ansprache und Ratschlag in den letzten beiden Versen, Akzeptieren des Leidens ist Schicksal des Menschen.
Thema: Leiden gehört zum Leben, der Kampf gegen das Leid vermehrt es nur; der Mensch soll sich seinem Schicksal ergeben.

3. Element: Literaturhistorischer Hintergrund und Gedichtanalyse

Arbeitsblatt 4a
(S. 22)
Arbeitsblatt 5
(S. 25)
Rückmeldebogen 1
(S. 26)

Einzel-/Gruppenarbeit: Die Gruppen bleiben in ihrer Zusammenstellung bestehen und erhalten das **Arbeitsblatt 4a** (S. 22), mit dem die SchülerInnen den literaturhistorischen Hintergrund des Barock erarbeiten. Hier sollen vor allem die Begriffe ‚Vanitas-Gedanke‘, ‚Memento Mori‘ und ‚Carpe Diem‘ als grundlegende Motive des Barock definiert werden.

Im Anschluss daran folgt **Arbeitsblatt 5** (S. 25). Alle SchülerInnen sollen (als Hausaufgabe) das Gedicht ‚Es ist alles eitel‘ von Andreas Gryphius analysieren. Die Leistungskontrolle erfolgt durch die MitschülerInnen, die hierfür den **Rückmeldebogen 1** (S. 26) erhalten. Nach dieser Rückmeldung sollten im Plenum ein bis zwei Analysen vorgetragen und besprochen werden.

Lösungsvorschlag zu Andreas Gryphius: Es ist alles eitel

In Arbeitsblatt 4a ist der Begriff ‚eitel‘, wie er von Gryphius verwandt wird, erläutert als vergänglich, als nicht von Bestand: Glück, Macht, Erfolg, Reichtum, Liebe, Lust, … sind alles vergängliche und damit nichtige Inhalte des Lebens. Die Schülerinnen werden das Gedicht also sehr schnell dem Vanitas-Gedanken zuordnen können. Das Gedicht beginnt mit einer appellativen und Allgemeingültigkeit beanspruchenden Behauptung des lyrischen Ichs („Du siehst, wohin du siehst, …"), die in ihrer Aussagekraft durch anaphorische Versgestaltung noch verstärkt wird (es gibt nur Vergängliches auf Erden). Alexandriner mit Zäsur, Sonett mit französischem Reimschema, antithetische Wendungen bei Wort-, Vers- und Strophenaufbau, Einschnitt nach Vers 10, anaphorische Aufzählung der Nichtigkeit der Welt in Vers 12 und 13, antithetische Schlussfolgerung in Vers 14. Verarbeitung der Kriegserfahrung (zerstörte Städte, zerstörte Natur), der Mensch ist in seiner Begrenzung nicht fähig zu betrachten, „was ewig ist", Hinleitung zum Transzendentalen, zu dem, was über dem begrenzten Menschen steht.

Aktueller Bezug (optional)

Gruppenarbeit: Nach der Bearbeitung des **Arbeitsblattes 4a** dient das **Arbeitsblatt 4b** (S. 24) dem Transfer des herausgearbeiteten barocken Lebensgefühls auf die Lebenswirklichkeit der SchülerInnen. In einem ‚stummen Schreibgespräch‘ sollen sie sich mit der Frage auseinandersetzen, welche Rolle die Lebensauffassung des ‚Carpe Diem‘ in ihrem eigenen Leben spielt.

Die SchülerInnen erhalten ein **Plakat** (DIN-A2). Das Plakat teilen sie so auf, dass jedem Schüler/jeder Schülerin ein Feld zugeordnet ist (bei vier Gruppenmitgliedern eine diagonale Teilung durch die Mitte). In der Mitte des Plakates steht der Satz:

Ich lebe jeden Tag so, als sei er mein letzter.

(Am besten schon vorbereitet)

Die SchülerInnen tragen, ohne miteinander zu reden, ihre Gedanken und Anmerkungen in ihr Feld ein. Nach fünf Minuten gibt die Lehrperson ein Zeichen, das Plakat wird im Uhrzeigersinn einmal gedreht und nun schreibt jeder in das Feld, das jetzt vor ihm liegt, Kommentare, Antworten, eigene Bemerkungen zu den Äußerungen des/der Vorgängers/in. Dieses Vorgehen wiederholt sich noch zweimal, bis alle Beteiligten in alle Felder eintragen konnten. Das alles geschieht schweigend. Dann bleiben 10 Minuten, um sich über das Geschriebene auszutauschen.

Einzelarbeit: Anschließend wird auf zwei Möglichkeiten hingewiesen, für das **Portfolio** individuelle Arbeitsergebnisse zu erstellen:

1. durch das Schreiben eines Essays, der die Ergebnisse des ‚stummen Schreibgesprächs‘ aufgreift. Titel: ‚Carpe Diem – find‘ ich gut!?‘ Wenn sich aus der Gruppe nur ein/e Schüler/in für den Essay entscheidet, kann sie/er das Plakat mitnehmen, sollten sich mehrere dafür entscheiden, müssen sie dafür sorgen, den Inhalt des Plakates zu ‚vervielfältigen‘;

2. durch das Schreiben einer aktuellen Fassung des Gedichtes „Es ist alles eitel" in Sonettform

4. Element: Historischer Hintergrund und Gedichtanalyse

**Arbeitsblatt 6
(S. 27)
Arbeitsblätter 6 a –e
(S. 28 ff.)**

Mit den **Arbeitsblättern 6 und 6 a – e** (S. 27 ff.) wird der historische Hintergrund des Barock erarbeitet. Jede Gruppe erhält fünf Texte. Für die Bearbeitung teilen die Gruppenmitglieder die Texte unter sich auf. Die Texte 6 a, 6 b und 6 c müssen aber vergeben werden. Der Inhalt der Texte soll mittels Kernaussagen zusammengefasst werden, um anschließend alle Informationen zu einem Schaubild zusammenzutragen. Jede Gruppe erstellt und vervollständigt das Gesamtschaubild durch die Präsentation ihres Arbeitsergebnisses. **Achten Sie darauf, dass möglichst jeder Text von mindestens einer Gruppe übernommen wird.** Das Ergebnis könnte ein Plakat sein mit dem Oberbegriff

> **Der Dreißigjährige Krieg**

in der Mitte. Die Überschriften der Texte sind dann die nächsten Knotenpunkte des Schaubildes:

- Vorgeschichte und Ursachen
- Verlauf
- Der Westfälische Friede und die Kriegsfolgen
- Die Bevölkerung und der Krieg
- Staatliche Neuordnung

Um nicht im Anschluss alle Texte für alle SchülerInnen kopieren zu müssen, weisen Sie darauf hin, dass die Texte 6 a – c im Internet aufzurufen sind, die Adressen stehen jeweils unter den Texten.

**Arbeitsblatt 7
(S. 37)
Rückmeldebogen 2
(S. 38)**

Als Hausaufgabe schließt sich an das 4. Element eine vollständige schriftliche Analyse des Gedichtes „Tränen des Vaterlandes, anno 1636" von Andreas Gryphius (**Arbeitsblatt 7**, S. 37) an. Neben den bisher erarbeiteten Analyseaspekten stehen hier die Kenntnisse des historischen Hintergrundes im Mittelpunkt. Auch hier soll mittels **Rückmeldebogen 2** (S. 38) eine Schülerselbstkontrolle stattfinden. Es bietet sich aber auch hier an, ein oder zwei Schülerarbeiten exemplarisch im Plenum zu besprechen.

Lösungsvorschlag zu Andreas Gryphius: Tränen des Vaterlandes, anno 1636

Direkter Bezug zum Dreißigjährigen Krieg, Einbeziehung der historischen Kenntnisse in die Analyse. Krieg dauert schon 18 Jahre, ein Bild der totalen Zerstörung, besonders in Deutschland.
Sonett, Alexandriner, umschließender Reim parallel zu weiblichen und männlichen Kadenzen, dritter Vers weicht ab vom Alexandriner – Betonung des Wortes ‚Blut', Correctio und Hyperbel im ersten Vers, Metaphern für den anhaltenden Krieg: rasende Posaun, donnernde Kartaun, fremde Armeen vernichten Arbeit der Landbevölkerung (aller Schweiß und Fleiß und Vorrat). Die zweite Strophe zählt im Reihungsstil die vollständige Zerstörung auf: Türme, Kirchen, Rathaus. Die Männer sind tot, die Frauen vergewaltigt und überall Feuer, Krankheit und Tod.
In der dritten Strophe (zweites Terzett) artikuliert sich das lyrische Ich und zeigt auf, was noch schlimmer als alle materielle Zerstörung und menschliches Elend ist, nämlich dass die Seele, der Glaube, die inneren Werte vernichtet wurden.

Arbeitsblatt 8   Kultureller und sozialer Hintergrund (Aufgabenstellung)

Einzelarbeit:

Sie haben sich für ein spezielles Thema zum kulturellen und sozialen Hintergrund des Barock entschieden. Zu dem von Ihnen gewählten Thema erhalten Sie einen Text. Auf der URL www. schoeningh-schulbuch.de/du-selbst finden Sie zusätzliche Bild- und Tondokumente, die Sie als weiteres Informationsmaterial und als Präsentationsmedium nutzen sollten.

Entwickeln Sie auf der Grundlage Ihres persönlichen Interesses zentrale Fragestellungen an Ihr Thema und greifen Sie auf weiteres, selbst recherchiertes Material zurück.

Schreiben Sie als Hausaufgabe einen zusammenfassenden Text zu Ihrem Thema, in dem Sie die von Ihnen gewählten Fragestellungen zusammenhängend bearbeiten.

Fassen Sie die Grundaussagen Ihrer Arbeit thesenförmig zusammen.

Gruppenarbeit:

Stellen Sie Ihr Thema anhand Ihrer Thesen und Ihres Bildmaterials Ihren Gruppenmitgliedern vor. Visualisieren Sie anschließend auf einem Plakat die wichtigsten Aspekte aller Einzelthemen in einer gemeinsamen Mindmap zum Thema: „Kultur und Gesellschaft im 17. Jahrhundert".

Bereiten Sie sich als Gruppe darauf vor, Ihre Mindmap dem Plenum zu präsentieren. Überlegen Sie, wie Sie das Illustrationsmaterial sinnvoll in Ihre Präsentation einbauen können (z.B. als Power Point Vortrag, in den Sie die Bilder der Homepage integrieren).

Entscheiden Sie sich für eine geeignete Dokumentationsform Ihres Gruppenergebnisses (z. B.: Foto des Plakats, Übersichtsfolie der P.P.P., ...) und fügen Sie diese, gemeinsam mit dem als Hausaufgabe erstellten Text, Ihrem *Portfolio* bei.

Themenauswahl:

– Musik des Barock

– Theater des Barock

– Architektur und Gartenbau

– Malerei des Barock

– Wissenschaft im 17. Jahrhundert

– Weltbild der Barockzeit

– Hexenwahn

Präsentationstermin: ....

Arbeitsblatt 8 a (1)

Die Musik des Barock

Barockmusik (portugiesisch *barroco:* unregelmäßig, schief), in der europäischen Musik die Epoche etwa zwischen 1600 und 1750. Zwar hat die Musik dieses Zeitraumes Merkmale mit den angrenzenden Epochen gemeinsam, doch wird der
5 Beginn des Barockzeitalters durch die stilistischen und technischen Innovationen markiert, die die Entwicklung der neuen Gattung Oper ermöglichten. Am Ende der Periode zeichnen sich bereits Elemente ab, die die zur Klassik hinführende Phase der Instrumentalmusik und der Oper
10 einleiteten. Das Neue in der Musik des Barock [...] war vor allem die Zunahme der sinnlichen Wirkung. Der Name Barock wurde zunächst abwertend gebraucht: Im 18. Jahrhundert galt die Musik der vorangegangenen Epoche als schwülstig und unnatürlich. Die Barockzeit kann in drei
15 Phasen unterteilt werden: Früh-, Hoch- und Spätbarock.

Frühbarock (ca. 1580 bis 1620)

Die Schaffung der Oper stellt einen radikalen Neubeginn in der Geschichte der musikalischen Formen dar. Die Oper wurde während der Neunzigerjahre des 16. Jahrhunderts
20 als durchgehend gesungenes musikalisches Drama von der „Camerata" in Florenz, einem Kreis von Musikern, Dichtern, Philosophen und gelehrten Angehörigen des Adels, als neue Gattung begründet. Ziel dieser neuen Gattung war es, die Empfindungen des Menschen nach dem
25 Vorbild des antiken griechischen Theaters zu erregen. [...] Ein weiteres wichtiges Ereignis der Wende zum Barock war die Veröffentlichung der instrumentalen *Sacrae Symphoniae* von Giovanni Gabrieli in Venedig im Jahr 1597. In diesem Werk waren große Ensembles in Gruppen aufge-
30 teilt, die man beliebig gegenüberstellen und kombinieren konnte. Dieses Kompositionsprinzip, das einem formalen Modell namens *cori spezzati* folgte, ergab sich unmittelbar aus den praktischen Gegebenheiten, die die getrennten Balkone in der venezianischen Markuskirche boten. Die
35 Übertragung dieser Idee auf die Instrumentalpartitur wurde möglich, als den Barockkomponisten schließlich große Orchester zur Verfügung standen. [...]

Hochbarock (ca. 1620 bis 1680)

Mitte des 17. Jahrhunderts verschob sich der Brennpunkt
40 der innovatorischen Kraft von Italien nach Frankreich, wo Jean-Baptiste Lully eine neue Art der Oper entwarf. Während die italienische Oper den Solosänger immer mehr in den Vordergrund rückte, betonte die französische Oper Elemente des Tanzes (was von der französischen Tradition des *Ballet de cour* herrührte) sowie den Chor und spektaku-
45 läre Bühneneffekte. [...]

Durch die Verbesserung der Ausbildung bei den französischen Hofmusikern legte Lully in der zweiten Hälfte des 17. Jahrhunderts auch den Grundstein für das moderne Orchester. In dieser Zeit erhielten Oboe, Trompete und Fa-
50 gott einen festen Platz im Orchester. In der Entwicklung der Musik für Streicherensembles jedoch übernahm Italien Ende des Jahrhunderts wieder die Führungsrolle. [...]

Gegen Ende des Hochbarock war die Unterscheidung zwischen „italienischem" und „französischem" Stil allgemein:
55 So wurde etwa die „Französische Ouvertüre" eine Kompositionsmöglichkeit für das Orchesterpräludium italienischer Opern, während der italienische Vokal- und Orchesterstil die Entwicklung der deutschen protestantischen Kirchenmusik beeinflusste. So boten die Choräle, die in-
60 zwischen in der Kultur der Reformation fest verwurzelt waren, den deutschen Komponisten eine reiche Quelle für Kompositionen, sowohl für die Kirchenkantate als auch für die Orgelmusik. Diese Übernahme weltlicher italienischer Musikformen in die deutsche Kirchenmusik trat
65 besonders im Schaffen von Heinrich Schütz hervor.

Parallel zur Oper war im Italien des 17. Jahrhunderts das Oratorium entstanden. Es war für die Darstellung geistlicher Inhalte vorgesehen und bediente sich ähnlicher Formen und Musikstile wie die Oper, wurde jedoch meistens in kleinerer
70 Besetzung als die Oper aufgeführt. Daneben entstanden in dieser Zeit auch das geistliche Konzert und das Sololied.

In England war Henry Purcell der wichtigste Komponist des Hochbarock, dessen musikalische Laufbahn ein Abbild der wechselnden Einflüsse der verschiedenen natio-
75 nalen Stile auf die Musik ist. Purcell war in den siebziger Jahren des 17. Jahrhunderts Chorknabe an der Chapel Royal in London und erlebte so, wie die Entwicklungen in Frankreich nach der Restauration und der Rückkehr König Karls II. aus dem französischen Exil auch in England an
80 Boden gewannen. [...]

Spätbarock (ca. 1680 bis 1750)

Die Musik des Barock erreichte mit Domenico Scarlatti und Antonio Vivaldi in Italien, Francois Couperin und Je-

Arbeitsblatt 8 a
(2)

85 an-Philippe Rameau in Frankreich, Henry Purcell und Georg Friedrich Händel in England, Johann Sebastian Bach und Georg Philipp Telemann in Deutschland ihre Spätphase. Die italienische Oper hatte durch Alessandro Scarlatti und Giovanni Bononcini zu Beginn des 18. Jahrhunderts

90 einen Höhepunkt erreicht. [...] Den Höhepunkt des Spätbarock stellen vor allem zwei Komponisten dar: Johann Sebastian Bach in Deutschland und Georg Friedrich Händel in England. Ihre Musik fasst alle Stiltendenzen des späten Barock zusammen, wobei diese bei beiden Kompo-

95 nisten in einer individuellen Synthese mit ihrer künstlerischen Laufbahn und ihrer schöpferischen Persönlichkeit verwoben waren: Bach als der protestantische Kirchenmusiker und Kapellmeister, Händel als theaterorientierter Komponist. In seinen Kirchenkantaten und Passionen ver-

100 schmolz Bach den italienischen Gesangsstil mit einem ernsteren, „deutschen" Ansatz, während seine Suiten für Tasteninstrumente eine gelungene Synthese mit dem französischen Stil dokumentieren.

Händels grundlegende musikalische Ausrichtung galt der

105 italienischen Oper. Nach einer beachtlichen Karriere mit italienischen Opern in London wandte er sich der Entwicklung einer neuen Gattung, dem Oratorium, zu. Diese neue Richtung gab ihm auch die Gelegenheit, seine Stärke als

Arienkomponist mit dem kraftvollen Stil der Chorkomposition zu vereinen, der früher bereits seine Kirchenmusik 110 charakterisiert hatte. Als Komponisten im Sinne der „Konstruktion" sind Bach und Händel die zentralen Figuren des Spätbarock.

Das Neue der Musik des B(arock) ist allgemein die Zunahme der sinnlichen Wirkung von Musik: die Bildung von 115 Kontrasten und Steigerungen, die Neigung von Kolossalen [...] das Erregen der Affekte [...], das Nachahmen von außermusikalischer Gegenständlichkeit, das musikalische Erfassen des Textgehalts. [...]

Im Unterschied zu Italien, wo die Spaltung in eine alte 120 (kirchliche) und eine neue (weltliche) Musik das Bild in Richtung neuzeitlicher Säkularisierung zu bestimmen begann, kennzeichnet die durch Luthers Musikauffassung geprägte deutsche Tradition die Verschmelzung der italienischen Neuerungen mit der kontrapunktischen Überlie- 125 ferung und, damit zusammenhängend, die Einheit von geistlicher und weltlicher Kompositionsweise, wie sie noch für J. S. Bach gilt. [...]

Aus: Digitale Bibliothek Band 38: Brockhaus Riemann – Musiklexikon, S. 820 – 825

Arbeitsblatt 8 b (1)

Schauspiel zur Zeit des Barock

„Totus mundus agit histrionem", das ist: Alle Welt schauspielert, so verkündete die Inschrift über dem Eingang des Globe Theaters in London, der Bühne Shakespeares. Was die Klage der Moralisten war, war der Stolz der Komödianten. In der Welt des Barock, in der das schöne Scheinen zum Prinzip der Kunst und zum Gebot der Gesellschaft erhoben
5 worden war, durften sie sich als die wahren Repräsentanten des Zeitgeists fühlen.
Der Schauspieler ist ein Geschöpf des Barock. Mehr als tausend Jahre lang hatte der mimische Trieb des Volkes geschlummert. Zwar wird uns schon im ausgehenden Mittelalter hier und dort von fahrenden Gauklern berichtet, die truppenweise auftraten und auf Jahrmärkten oder in Wirtshäusern auf roh gezimmerten Podien derbe Schwänke aufführten,
10 und das Alter dieser wandernden Histrionen ist gar nicht abzusehen. Aber nun ist es, als ob die Grundwasser stiegen. Aus dem Dunkel der Geschichte und aus den Niederungen der Gesellschaft tauchen sie plötzlich herauf, wie auf geheime Verabredung, in ganz Europa vom Tajo bis zur Themse. Niemand weiß, woher sie stammen, sie sind auf einmal da, und sie vermehren sich in geometrischer Proportion. In England kennt man vor der Mitte
15 des sechzehnten Jahrhunderts keine Truppe, aus der zweiten Hälfte des Jahrhunderts sechsundfünfzig Truppen, und diese Zahl ist kaum vollständig. In Spanien will man im Jahre 1636 nicht weniger als dreihundert zählen.
Wie Nomaden ziehen sie von Ort zu Ort. Wenn eine Stadt abgegrast ist, wenden sie sich zu der nächsten, wo sie schon fieberhaft erwartet werden. Spanien ist binnen Kurzem
20 von ihnen überschwemmt. Die italienischen Truppen haben in zwei Jahrzehnten die ganze Halbinsel erobert und stoßen von dort über die Alpen vor. Sie erscheinen 1568 in München und in Wien, 1571 in Paris, wo sie die „Comédie Italienne" stiften, die sich ansässig macht, und ein Jahrhundert lang italienische Sprache und italienisches Stegreifspiel gegen die einheimische Konkurrenz verteidigen und sich noch ein weiteres
25 Jahrhundert hindurch mit einem lustigen italienisch-französischen Kauderwelsch behaupten. [...]
Beispiellos ist die Faszination, die von ihnen ausgeht. Das Volk läuft ihnen nach, von einer Stadt in die andere, die Höfe bewerben, ja reißen sich um sie, und nur das gesittete Bürgertum verschließt sich ihnen mit einem Misstrauen, hinter dem eine geheime Angst
30 nicht zu verkennen ist. Kein Wunder, denn sie bringen eine neue Offenbarung: das Mimentum.
Was man bisher an Theater gekannt hatte, war ein Theater gleichsam ohne Schauspieler gewesen. Gewiss, es hatte seit dem Mittelalter Geistliche gegeben oder ehrbare Handwerker, die einmal im Jahr der Drang anwandelte, sich zu vermummen und fromme oder
35 derbe Reime aufzusagen.
Man hatte auch seit dem Humanismus in den Aulen der Schulen Gymnasiasten hören können, die mit ihrem Rhetoriklehrer eine lateinische Komödie einstudiert hatten, um vor den Freunden und Gönnern der Anstalt ihre Fortschritte in den Künsten der Deklamation und des Anstands zu zeigen. Es gab endlich seit der Renaissance überall in Italien Gesell-
40 schaften adeliger Dilettanten und bürgerlicher Künstler, die sich Akademien nannten und zu ihrer Unterhaltung miteinander ein klassisches oder modernes Stück „rezitierten", wie man bezeichnenderweise sagte. Bei allen diesen verdienstlichen Bemühungen steht das Theater im Dienste des Worts und des Geists, und die mimische Interpretation ist auf das Minimum beschränkt, das unentbehrlich ist, um das Wort zu Gehör und die – meist be-
45 scheidene – Handlung zu Gesicht zu bringen. [...]

Arbeitsblatt 8 b
(2)

Wie sie aussehen, das ist komisch und grausig zugleich. Ihre Gesichter lassen sich Verzerrungen gefallen und ihre Gliedmaßen Verrenkungen, die kaum mehr einem menschlichen Körper anzugehören scheinen. Ihre Stimmen krähen und kreischen, grunzen und rülpsen, schluchzen und jauchzen. Sie rollen die Augen und fletschen die Zähne und sind grell ge-
50 schminkt. Erschreckend müssen besonders die Schauspieler der italienischen Komödie ausgesehen haben mit ihren halb tierischen, halb teuflischen Masken – und ihrem Anblick entspricht ihr Spiel: Es ist von einer ästhetischen und moralischen Bedenkenlosigkeit, wie sie noch niemand erlebt hat. Sie hätten Skrupel gehabt, eine feinere Geste zu wählen, solange es eine derbere gab. Sie lassen sich keinen Ausdruck entgehen, der das Publikum
55 zum Schaudern oder zum Wiehern bringen kann. So, mit bizarrem Umriss und unanständiger Gebärde, hat der französische Kupferstecher Callot sie uns überliefert.

Auf dem Grenzrain zwischen dem Grausigen und dem Possenhaften, der dem anhebenden Barock überhaupt so teuer war, tummeln sie sich am liebsten. Aber es ist bemerkenswert, dass die Engländer und die Italiener auf verschiedenen Seiten dieser Grenze zu
60 Hause sind. Das Repertoire der englischen Komödianten, auf dem sich die Dramen Shakespeares, Marlowes, Kyds und ihrer Nachahmer und Übertreiber befinden, bevorzugte die tragischen Stoffe. Sie waren daher stark im Pathetischen und im Pompösen, in der feierlichen Staatsszene und in der lärmenden Kampfszene. Sie waren berühmt für den Radau, den sie machten. Wenn im New Market Theatre in London Schlacht gespielt
65 wurde, konnte man es – so berichtet Addison – noch am anderen Ende der Stadt hören. Aber ihre Schlachten wurden noch übertroffen durch das Spektakel ihrer Folterungen und Hinrichtungen. Im naturgetreuen und waidgerechten Abschlachten von Menschen galten sie für unerreicht. Dann türmten sich die herrenlosen Gliedmaßen, und die Bühne schwamm im Blut. [...]
70 Ein anderes Extrem kultivierten die Italiener. Hatten die Engländer das Tragische bis ins Blutrünstige getrieben, so steigerten die Italiener das Komische ins Obszöne. Harmlos noch ist die Komik ihrer akrobatischen Tricks, wie sie im Zirkusclown fortlebt. Harmlos auch noch sind die derben Prügeleien, in die mit einer gewissen Regelmäßigkeit jeder Akt ausklingt. In einem Punkt zeigen sie sogar eine bemerkenswerte Enthaltsamkeit: Die Ge-
75 fräßigkeit ist zwar bei den Italienern wie überall eine Erbeigengschaft: der komischen Personen. Aber die Betrunkenheit ist eine Quelle der Komik, die ein Monopol des nördlichen Europa zu sein scheint. [...]

Es besteht dagegen kein Anlass, die alkoholische Abstinenz der italienischen Komödianten als eine besondere Wohlerzogenheit auszulegen. Ihre Komik ist gemeiner als jeder
80 Begriff, sie nährt sich aus der frechsten Durchbrechung aller Tabus der Gesittung. Sie deutet die trübe Sphäre der Verdauung und des Geschlechts skrupellos aus. Der italienische Zanni ist ohne Scham.

Aus: Richard Alewyn: Das große Welttheater. Die Epoche der höfischen Feste. Beck'sche Reihe Band 389, Verlag C. H. Beck oHG, München. ISBN: 3-406-33144-0

Arbeitsblatt 8 c   Architektur und Gartenbau der Barockzeit (1)

Die Architektur des Barock (1600 – 1780)

Der Stil des absolutistischen Zeitalters – etwa von 1600 bis 1780 – ist das Barock. Das Tridentinische Konzil, 1545 – 63, läutet die Zeit der Gegenreformation ein. Die neugewonnene Macht der Kirche solidarisiert sich im 17. Jahrhundert wieder mit der weltlichen.
5 Ihrer beider Machtentfaltung ist durch das Gottesgnadentum legitimiert. Die Vertreter beider Mächte sind absolute Herrscher.

Wie die Gegenreformation geht er von Rom aus. Die Ausmaße seiner Bauten, die Gliederung der Räume und der Prunk der Dekoration propagieren die Autorität der Kirche und der Staaten. Wenn er sich auch in Deutschland und England erst Mitte des 17. Jahrhun-
10 derts durchsetzt, wenn auch die protestantischen Länder gewisse Sonderstellungen einnehmen, so ist er doch für nahezu 150 Jahre eine – und bis heute die letzte – einheitliche Stilform, die imstande ist, alle künstlerischen, geistesgeschichtlichen und gesellschaftlichen Bedürfnisse der Zeitgenossen abzudecken.

[...]

15 Das machtbewusste, extravertierte Ichgefühl des barocken Menschen findet seinen Gegenpol in einer gefühlsstarken, oft rauschhaften „Inbrunst zum Jenseitigen". Dementsprechend hat auch alle barocke Kunst gemeinsam die Darstellung des sichtbaren Universums und dessen, was man unsichtbar, aber empfindungsstark dahinter weiß: der Transzendenz. Wo das Thema wie im Schlossbau nur Diesseitiges herzugeben scheint,
20 wird die Transzendenz als Ursache der Pracht („von Gottes Gnaden") und örtlich-räumlich (Schlosskapelle) doch immer einbezogen. Die Intention barocker Kunst ist universaltranszendental. Oder: Im Sichtbaren verehrt sie das Unsichtbare.

Die Summe all dessen spiegelt sich in der kirchlichen und feudalen Architektur. Sie entdeckt die unverbrauchten Möglichkeiten, die in der Weiterentwicklung der Renaissance-
25 Formen liegen. Das Wesen barocker Baukunst ist Repräsentation. Mit ungeheurem Schwung ergreift sie die zahlreichen weltlichen und geistlichen Herrscher in Europa, aber auch die Bürger. Könige, Bischöfe, Fürsten und Äbte werden von einer immensen Bauwut erfasst. Sie verschwendet sich in die Riesenausmaße der Kirchen, Schlösser und Parks und verdoppelt ihre Pracht in den Spiegeln künstlicher Gewässer. Der Architektur sind
30 alle anderen Kunstgattungen untergeordnet. Sie werden von ihr engagiert und dem Ziel der Repräsentation funktionell zugeordnet: Bildhauer und Maler sind die Zuträger symbolträchtiger Ausstattung, Stuckfiguren gehen unmerklich in Deckenfresken über, deren raffinierte Perspektive dem Gebäude die Illusion räumlicher Unendlichkeit verleiht.

Die Spannungen aus universalen und transzendentalen Intentionen verfestigen sich in
35 exemplarischen Bauformen, die dieser Polarität gleichnishaft entsprechen. So kommt dem Grundriss eine steigende Bedeutung zu, ja er wird selber schließlich zum Kunstwerk voller Tiefsinn und Symbolkraft. Galt z. B. der Kreis als Sinnbild für das säkularisierte Ichgefühl des Renaissance-Menschen, so dokumentiert sich für den Menschen des Barock „in den Schwingungen der Ellipse und der Parabel das Abbild leidenschaftlicher Verwo-
40 benheit des Personalen mit der Unfassbarkeit des Alls". So geht auch bei aller Weltfreudigkeit die absichtsvolle Strenge nie verloren. Sie zeigt sich allenthalben in einer unbedingten Symmetrie, dem Bild und Gleichnis göttlicher Ordnung. [...]

Quelle: http://www.kunstwissen.de/fach/f-kunst/a_neu/02.htm (2007)

Arbeitsblatt 8 c
(2)

Der Barock-Garten

So wie der Renaissance-Garten in Italien geprägt wurde, so ist Frankreich das Entstehungsland des Barock-Gartens, in dem im 17. Jahrhundert der Renaissance-Garten eine Weiterentwicklung findet. Der besonders in Frankreich sich entfaltende Rationalismus
5 vertrat die Auffassung, die Welt unterliege in all ihren Erscheinungsformen Gesetzmäßigkeiten, die es mit der menschlichen Vernunft zu entschlüsseln gelte, und begünstigte damit eine Haltung, die Natur als etwas zu Unterwerfendes und zu Domestizierendes begreift und folglich im Garten das vom Menschen Konstruierte, gewissermaßen Widernatürliche favorisiert. Die daraus folgende Geometrisierung der Natur zeigt sich
10 z. B. in beschnittenen Palisaden, zurechtgestutzten Alleen, Topiaria usw., aber auch in der Nutzung ursprünglich architektonischer Formen in der Gartengestaltung (z. B. Salle, Exedra). Die Beherrschung der Natur wurde geistesgeschichtlich nicht nur durch den Rationalismus gefordert, sondern auch der (wiederum in Frankreich besonders ausgeprägte) Absolutismus legte eine solche Haltung insofern nahe, als eine beherrschte Natur eben
15 auch Herrschaft symbolisiert und von der Omnipotenz des Herrschers kündet und dessen Macht demonstriert und legitimiert. Ausgangspunkt barocker Gartenanlagen ist daher der Herrschaftssitz in Form des Schlosses o. Ä., auf den die Weg- und Blickachsen bezogen sind und der den Bezugspunkt für ein übergeordnetes Gliederungssystem bildet. Dieses Gliederungssystem ist (idealtypisch) durch strenge Symmetrie (u. a. Hauptachse als Sym-
20 metrieachse) und durch die Abfolge Schloss – Parterre – Bosquet – Bosco gekennzeichnet. Die genannten Gartenbereiche weisen verschiedene Merkmale auf: das Parterre ist ein *Parterre de broderie*, in den Bosketts liegen üppig ausgestaltete Cabinets, und Alleen, die das Motiv des *Patte d'oie* oder des *Etoile* aufnehmen, gliedern den *Bosco*-Bereich. Wasserkanäle und Bassins liegen zumeist in den Hauptachsen des Gartens. Die Gartenplastik
25 folgt zumeist allegorischen Skulpturenprogrammen, die auf eine Apotheose des Herrschers abzielen. Im Rokoko, dem Spät-Barock, wird, dem insgesamt verspielteren, heitereren und intimeren Charakter der Zeit folgend, die Formensprache etwas gemildert. Zwar bleiben die Grundmerkmale der barocken Gartengestaltung erhalten, doch die Sehnsucht nach Intimität und Idylle führt zur Erosion des Pathos, zu einer Schwerpunktverla-
30 gerung: *Cabinet* statt Zentralachse, der Garten als Kulisse für Blinde-Kuh-Spiele statt für pompöse Machtaufzüge.

Aus: www.gartenaestethik.de (2007)

Arbeitsblatt 8 d (1)

Malerei des Barock

Zu den wesentlichen Elementen barocker Thematik und Ikonografie gehört die Allegorie, die sinnbildliche Darstellung oder Personifizierung eines abstrakten Begriffs. In der Verbindung von heidnisch-antiker Thematik mit christlich-moralischen Vorstellungen sowie in der Verwendung zahlreicher Göttergestalten der antiken Mythologie im allegorischen
5 Bildkosmos des Barock fand sie ihre prunkvolle und vielschichtige Ausformung. So verkörpert Mars den Krieg, Minerva die Weisheit, Venus die Liebe. Dabei gehen allegorische Sinndeutungen über die eindimensionale Ebene des Dargestellten hinaus und folgen mehrschichtigen Bedeutungsgehalten, wobei die Einzelteile jeweils nur Elemente eines komplexen Gesamtzusammenhangs sind. Nach Plänen von Daniel Gran malte Bartholo-
10 mäus Altomonte 1747 in der Bibliothek des Stiftes St. Florian in Österreich ein Deckenfresko, in dessen Zentrum der allegorische Hauptgedanke, die Vermählung (*connubium*) zwischen Wissenschaft und Tugend, dargestellt ist. Diese Zentralisierung der Kernidee der allegorischen Darstellung innerhalb eines größeren Bildzusammenhanges bildet sich zu einem allgemeinen System heraus.
15 Die wichtigsten Themen der barocken Malerei fanden sich in der weltlichen und geistlichen Apotheose, wobei sich der christliche Himmel und der mythologische Olymp als transzendentale Orte von Ruhm und Ewigkeit entsprachen. Das von Andrea Pozzo um 1685 gemalte Deckenbild der Jesuitenkirche S. Ignazio in Rom zeigt das *Eingehen des hl. Ignatius in den Himmel*. Dabei bilden die von dem Heiligen zu den Personifizierungen der
20 vier Erdteile verlaufenden Gnadenstrahlen eine Allegorie der Erleuchtung der Welt durch die Glaubensmacht des Heiligen. [...] Derart komplexe ikonografische Programme wurden oft vorher von gelehrten Spezialisten schriftlich genau ausgearbeitet, wie noch erhaltene Konzepte etwa für S. Ignazio zeigen. Auch die Allegorese gewann im Barock neue Bedeutung. So wurde innerhalb der profanen Ikonografie häufig das „Portrait historié"
25 zur Herrscherapotheose umgedeutet. Dabei wurde der Fürst als Gestalt der antiken Mythologie porträtiert oder, wie in Holland, als biblische Figur dargestellt. Zu den bedeutendsten Werken gehört der von Rubens 1622 – 25 im Auftrag der Königin Maria von Medici für das Pariser Palais du Luxembourg gemalte Gemäldezyklus (Paris, Musée National du Louvre), in dem das Leben von Königin, König und Sohn in einer weltlichen Apo-
30 theose dargestellt ist. So erscheint Maria von Medici einmal als Minerva oder wie im Vermählungsbild neben dem als Jupiter dargestellten König in Gestalt der Juno.
In der sakralen Malerei waren die Himmelfahrt Christi und Mariens sowie die Glorie der Heiligen immer wiederkehrende Themen, die ihr Gegenbild im Höllensturz fanden, wie auch der Sturz der Laster als Gegenbild zur Herrscherapotheose notwendiges Argumen-
35 tationsmotiv war.
Mit der Verbreitung der Tambourkuppel in der Barockkirche rückte das Bild des Allerheiligenhimmels zunehmend ins Zentrum der sakralen Deckenmalerei. Dieses eigenständige Bildsystem, das bereits im 16. Jahrhundert von Correggio und Melozzo da Forli vorbereitet worden war, entwickelte eine genaue Staffelung der himmlischen Welt nach der
40 Bedeutung ihrer Bewohner. Im erleuchteten Zentrum befindet sich die Dreifaltigkeit, unter der, meist konzentrisch angeordnet, die Heiligen in ewiger Huldigung erscheinen. Auch zu dieser Himmelsschau entfaltete die Kunst eine kreatürliche Gegenwelt, in der der Mensch, der Schau der himmlischen Gnade und Herrlichkeit zwar fähig, gleichwohl als ein Sterblicher in sein irdisches Dasein verstrickt gezeigt wurde. Zu den berühmtesten
45 Darstellungen dieser Thematik gehören die von Jacques Callot 1632 – 33 geschaffene Ra-

Arbeitsblatt 8 d
(2)

dierfolge „Die Schrecken des Krieges" oder die von Würmern zerfressenen Toten des Valdés Leal in den beiden Gemälden *Triumph des Todes* und *Allegorie der Vergänglichkeit* für das Hospital de la Caridad in Sevilla.

Lexikon der Kunst in 12 Bänden: Malerei, Architektur, Bildhauerkunst. Erlangen: Karl Müller Verlag 1994, Band 2, S. 16/17

Was Barockstil ist, lässt sich am besten an Bildern von Rubens zeigen. Dafür nur ein Beispiel: der 1617 vollendete *Raub der Töchter des Leukippos* [...]. Die richtige Bestimmung des Themas verdanken wir Wilhelm Heinse. Dargestellt ist die Entführung von Phoibe und Hilaira, der Töchter des Leukippos, die von ihrem Vater bereits verlobt waren, durch die Dioskuren Kas-
5 tor und Pollux. Die Alten sahen in dem Raub ein Sakrileg, das die Räuber auch das Leben kostete, billigten ihnen aber doch wegen anderer heroischer Taten die Versetzung als Stern-bilder an den Himmel zu. Heinse, der seine antiken Autoren gut kannte, aber auch mit Sympathie und genau hinzusehen verstand, sprach von einem „Kampf zwischen Moral und Natur". In diesem Bild ist alles Paar: die Rosse, die Männer, die Eroten, die Mädchen, Erde
10 und Himmel. Die Paare gruppieren sich jedoch immer in zweierlei Art und Sinn, was am besten zu erkennen ist, wenn man von den beiden nackten Frauenleibern ausgeht, die das leuchtende Zentrum des Bildes bilden. Beide werden gleichsam als ein Leib aufgefasst, von dem wir zwei einander ergänzende Ansichten erhalten (ein „concetto" *Tizians*), es sind Schwestern. Ohnmächtig wehren sie sich, sie rufen die Götter. Zugleich aber zeigt Rubens
15 sie uns auch voneinander getrennt und mit den beiden Männern als Mann und Frau, zwi-schen denen die Begierde noch trennt, die Liebe aber schon bindet. Unvergesslich ist ja der Blick des berittenen Kastor, der sich niederbeugt, um Pholbe aufzunehmen. Dargestellt ist der Moment des Übergangs vom „Kampf zwischen Moral und Natur" zu dem „hochzeit-lichen Einklang zwischen Frau und Mann" (H. G. Evers 1945). Eben wegen dieser Auffas-
20 sung ist der Moment „prägnant", er besitzt Dauer. *Rubens* erreichte diese Wirkung durch die Figurenerfindung. Die acht Lebewesen bilden eine Konfiguration, unüberschnitten vom Rand des quadratischen Bildfeldes und verankert am unteren Bildrand, dort nämlich, wo sich genau in der Mitte die Füße des Mädchens und des Mannes beziehungsvoll berühren. Diese Konfiguration ist trotz der heftigen inneren und äußeren Bewegungen völlig ruhig und kei-
25 neswegs flach. Sie enthält zwei Blickbahnen, eine frontale, die mit der Silhouette des Apfel-schimmels schließt, und eine dazu schräge mit Kastor als Abschluss. Beide sind Bestandteile der Bilderzählung. Das wird noch klarer, wenn man die Übereinstimmung mit dem Kolorit beachtet. Es spannt sich aus zwischen den Polen Blau und Rot. Die unbunten Farben Braun und Grau haben die Aufgabe, den konstitutiven Buntfarbenkontrast Rot-Blau dem ganzen
30 Bild, jedoch in vielen Verwandlungen mitzuteilen. Gelb fehlt in reiner Sättigung gänzlich, wird aber ersetzt durch einen goldigen Glanz. An zwei Stellen tritt die Farbrechnung thema-tisch ganz klar auf, nämlich in den Leibern der Frauen, deren Inkarnat alle Farben, jedoch mit der Dominanz des Lichtes enthält, und oben links, wo der rote Reitermantel unvermittelt vor dem Blau des Himmels steht als schärfster Buntfarbenkontrast ohne Übergang. Alles
35 aber, Konfiguration, Kolorit und Thema zeigen sich völlig ausgewogen, vermitteln den Ein-druck einer absoluten geistigen Symmetrie. Das ist es, was J. Burckhardt mit dem schon er-wähnten Begriff der Beherrschung der Äquivalentien bei *Rubens* gemeint hat. Es ist dies zu-gleich der höchste Wert der Barockmalerei, gleichsam die „Idee" des Stils.

Erich Hubala, in: Belser Stilgeschichte, Barock und Rokoko. Stuttgart, Belser Verlag

Arbeitsblatt 8 e (1)

Das Weltbild des Barock

Das Weltbild der Menschen im Barock ist geprägt von der Antithetik in allen Lebensbereichen und Denkweisen: Übersteigerte Lebensgefühle und gleichzeitig permanentes Vergänglichkeitsbewusstsein, Todesangst durch den Dreißigjährigen Krieg und Genuss des Moments, mystisch-religiöse Schwärmerei und fanatischer Glaube. Zusammengefasst eben gleichzeitig Memento Mori und Carpe Diem.

Die Natur ist für die Menschen der Barockepoche Zeichen Gottes. „Gott verkündiget uns", schreibt SAMUEL VON BUTSCHKY in seinem grundlegenden Werk *Wohl -Gebaueter-Rosen-Thal* (1679), „seine Wunder / durch mancherley Herolden und Dolmetscher. Auf Erden / müs-
5 sen die Blumen / von seiner Zier und Lieblichkeit reden; am Himmel die Sterne von seiner Pracht." In dem Sinne hat in dieser Epoche die Naturbeschreibung besondere Bedeutung. Der Dichter folgert *per visibilia ad invisibilia*, von der sichtbaren Welt auf die unsichtbare, göttliche. Die Natur, das Ding reizen ihn immer wieder zu neuen Auslegungen.

Der Mensch selbst ist ein Abbild des Makrokosmos; „Gleichwie der Mensch / eine kleine
10 Welt ist; also stellet er / an sich selbst / gleich als in einem Bildnisse / die größere Welt; insonderheit aber den Himmel und dessen Sterne / gar zierlich vor" (BUTSCHKY). Den Gedanken von der in der Welt herrschenden Harmonie und allseitigen Entsprechung finden wir auch in HARSDÖRFFERS *Gesprächsspielen* (1649): „Gewißlich ist eine Zusammenstimmung aller Sachen in diesem gantzen Erdkreiß / und vergleichet sich / der sichtbare
15 Himmel mit der Erden / der Mensch mit der gantzen Welt."

Die Barockdichter weisen, wie die Pansophen, auf Analogien zwischen Gott und Natur hin. So sehen sie die Entsprechung der Dreieinigkeit Gottes in den drei Grundelementen Schwefel, Salz und Quecksilber. Im *Cherubinischen Wandersmann* finden wir einen Spruch des ANGELUS SILESIUS:

20 *Die Dreyeinigkeit in der Natur*
Daß Gott Dreyeinig ist / zeigt dir ein jedes Kraut / Da Schwefel / Salz / Mercur in einem wird geschaut.

Erich Trunz stellt in seinem Aufsatz *Weltbild und Dichtung* eine ganze Reihe von ähnlichen Beziehungen zusammen: Das Licht und das Dunkel entsprechen dem Göttlichen und
25 dem Luziferischen, Nacht und Tag der Sünde und Gnade, den Planeten gewisse Metalle und diesen die Organe des Menschen: der Sonne Gold und Herz, dem Mond Silber und Gehirn, Jupiter Zinn und Leber, Merkur Quecksilber und Lunge. Diese Art des Denkens ist charakteristisch für die Literatur des 17. Jahrhunderts.

Charakteristisch für die Epoche ist ferner das „Streben zu Gott durch das All; eine Er-
30 kenntnis des Alls als System und Harmonie; und ein Sich-Einfügen des Menschen und seiner Kunst und Wissenschaft in diese Harmonie" (E. Trunz). Das Chaos, die Verwirrung sind das Sinnbild des Bösen, des Teuflischen. Die Aufgabe des Menschen ist, gegen sie anzukämpfen und die himmlische Ordnung auf Erden nachzuschaffen. Diese Tendenz zur Nachahmung der göttlichen Harmonie wird auch in der Kunst und besonders in der
35 Musik deutlich, die eine mathematische Präzision der Komposition anstrebt und von SCHÜTZ bis BACH großen Nachdruck auf die Harmonielehre legt.

Arbeitsblatt 8 e
(2)

Über die Parallelität von Makrokosmos und Mikrokosmos äußert sich KEPLER in seinem Werk *Harmonices mundi libri V:* „Es sind also die Himmelsbewegungen nichts anderes als eine fortwährende mehrstimmige Musik (durch den Verstand, nicht das Ohr fassbar), eine
40 Musik, die durch dissonierende Spannungen, gleichsam durch Synkopen und Kadenzen hindurch (wie sie die Menschen in Nachahmung jener natürlichen Dissonanzen anwenden) auf bestimmte, vorgezeichnete, je sechsgliedrige (gleichsam sechsstimmige) Klauseln lossteuert und dadurch in dem unermesslichen Ablauf der Zeit unterscheidende Merkmale setzt. Es ist daher nicht mehr verwunderlich, dass der Mensch, der Nachahmer
45 seines Schöpfers, endlich die Kunst des mehrstimmigen Gesangs, die den Alten unbekannt war, entdeckt hat. Er wollte die fortlaufende Dauer der Weltzeit in einem kurzen Teil einer Stunde mit einer kunstvollen Symphonie mehrerer Stimmen spielen und das Wohlgefallen des göttlichen Werkmeisters an seinen Werken so weit wie möglich nachkosten, in dem so lieblichen Wonnegefühl, das ihm die Musik in der Nachahmung Gottes be-
50 reitet." Der Glaube an die Harmonie von Makro- und Mikrokosmos bedeutet für die Gelehrten eine starke Anregung zur Erforschung der Weltgeheimnisse. Auch die Mystiker bemühten sich, die Parallelität zwischen Natur und Heilslehre zu ergründen. Und noch das Werk von LEIBNITZ fasst die Existenz der Menschheit als Spiegelbild der göttlichen Existenz auf. Aufgabe und Ziel des Philosophen ist das Entdecken und Ergründen der
55 Harmonie des Universums. Das Einordnen des Menschen in die göttliche Harmonie bedeutet für die damaligen Menschen Tugend. Daher ist nicht das zufällige, das private Einzelschicksal wichtig, sondern all das, was eine allgemeine Gültigkeit beanspruchen kann. Der Dichter stellt seine Erfahrungen als Exempel des menschlichen Lebens hin, und immer wieder zieht er Vergleiche zwischen seinem Ich und der Menschheit, zwi-
60 schen Individuum und Allgemeinheit.

Aus: Marian Szyrocki: Die deutsche Literatur des Barocks. © Philipp Reclam jun. GmbH & Co., Stuttgart

Arbeitsblatt 8 f (1)

Die Wissenschaft im 17. Jahrhundert

Worin bestand die „wissenschaftliche Revolution" des 17. Jahrhunderts? Die Antwort, die hier nur in aller Kürze skizziert werden kann, hat einen qualitativen und einen quantitativen Aspekt. Zwischen 1623 und 1687, d.h. vom ‚Saggiatori' Galileis über den ‚Discours de la méthode' Descartes' (1637) bis hin zu den ‚Philosophiae Naturalis Principia Mathe-

5 matica' Newtons vollzog sich im wissenschaftlichen Europa die „Mathematisierung der Welt, die Explosion der in sich geschlossenen kleinen Welt des antiken und mittelalterlichen Denkens, eine radikale Vereinheitlichung eines endlosen, geometrischen Universums durch die Beseitigung des alten Gegensatzes zwischen sublunarer und stellarer Welt, das Ende der qualitativen Physik und die Gleichsetzung von Materie mit räumlicher

10 Ausdehnung". Was im Relativismus des Nikolaus von Cues (1401–1464) schön angelegt, nicht aber vollzogen worden war, was die Heliozentrik des Nikolaus Kopernikus (1473–1543) für den von den Fixsternen begrenzten Raum, der vielfach größer als der aristotelische, aber eben doch noch begrenzt und insofern aristotelisch war, schon behauptet hatte, was Kepler, „in seiner Konzeption des Seins, der Bewegung, allerdings nicht

15 der Wissenschaft, letzten Endes ein Aristoteliker" (A. Koyré), nicht hatte wahrhaben können, wurde nun zur Gewissheit. Die Welt war nicht begrenzt, sondern unendlich bzw. grenzenlos, und sie war mit Materie angefüllt. Dies war im Grunde keine ketzerische Lehre, denn welcher Mensch hatte das Recht, zu behaupten, Gott habe in seiner Vollkommenheit etwas Endliches, Unvollkommenes geschaffen? Es war freilich eine anti-aristotelische

20 Lehre, und so waren es letztlich die orthodoxen Aristoteliker an den Universitäten, die die Verfolgungen und Verbrennungen der Philosophen und Wissenschaftler betrieben. So wurde Kopernikus 1616, Galilei 1632 verdammt, doch schon vor ihnen (1600) ging der geniale italienische Philosoph Giordano Bruno aufs Schafott. [...]

Drei wissenschaftliche Methoden führten auf die neuen Wege: die philosophische Deduk-

25 tion, wie sie von Bruno und mit bestechender Klarheit und Einfachheit von Descartes betrieben wurde; die Mathematik, insbesondere die Geometrie in ihrer von Euklid entwickelten, nur jetzt auf den grenzenlosen Raum angewandten Form; und das Experiment, die exakte und durch ständige Verfeinerung der Instrumente in ihrer Präzision immer noch verbesserte Beobachtung des Großen (Astronomie) und, später, auch des Kleinen (Mikros-

30 kopie, Mikrobiologie, Physiologie). Hier stehen wir schon mitten in den mehr quantitativen Auswirkungen, die von der wissenschaftlichen Revolution des 17. Jahrhunderts provoziert wurden. Für das Alltagsleben der Gebildeten und am wissenschaftlichen Leben Beteiligten, für die Struktur der internationalen Gelehrtenrepublik, die ja schon seit mehr als einhundert Jahren bestand und bisher im humanistischen Studium der Antike und in

35 der Theologie ihr zentrales Beschäftigungsfeld gesehen hatte, stellte die neue Wissenschaft eine ungeheure Herausforderung dar, in ihren Dimensionen nur vergleichbar mit der Entwicklung der Physik zu Beginn des 20. Jahrhunderts, im Zeitalter der Relativitäts- und Quantentheorien. Einen eindrucksvollen Beleg bietet die Entwicklung der Technik und des Experiments. Die neuen Fragen, die seit Kopernikus gestellt wurden, von Giordano

40 Bruno und später von Descartes im deduktiven Verfahren sehr weitgehende Antworten fanden, verlangten nach der Bestätigung durch das Experiment, nach genauer wissenschaftlicher Beobachtung, und, im Anschluss daran, natürlich nach wissenschaftlicher Publikation. In beiden Bereichen schwoll die Entwicklung im Verlauf des 17. Jahrhunderts inflationär an. [...]

Arbeitsblatt 8 f
(2)

45 Die wissenschaftliche Revolution des 17. Jahrhunderts hatte organisatorische Veränderungen zur Folge bzw. solche gingen ihr voraus oder mit ihr einher. Obwohl das 16. Jahrhundert eine Epoche intensiver theologischer Disputationen gewesen war, obwohl Reformation und Bauernkrieg im Bereich der Traktate und Flugschriften schon »Bestseller« produziert hatten, begann erst gegen Ende des 16. und zu Beginn des 17. Jahrhunderts der
50 Aufstieg des Buchhandels und des Verlagswesens. Vor allem in den beiden Niederlanden konzentrierten sich die mächtigen Buchhändler-Verleger, deren Namen nahezu alle Titelseiten der großen naturwissenschaftlichen, staatsrechtlichen und philosophischen Publikationen um 1600 zieren: Plantin-Moretus in Antwerpen, Janssen und Wilhelm Blaeu in Amsterdarn. Jean Maire in Leiden, Elzevier in Amsterdam, Leiden und anderswo. Sie zo-
55 gen größten Gewinn aus der Tatsache, dass die Volkssprachen in wissenschaftlichen Publikationen kräftig auf dem Vormarsch waren – bezeichnenderweise nicht in Deutschland, im Mutterland der Reformation, wo man noch über das ganze 17. Jahrhundert am Lateinischen und an der gelehrt-scholastischen Disputation hing. Doch von Süden, von Italien, und von Westen, von Frankreich und Holland, her schritten die Volkssprachen unaufhalt-
60 sam voran, nicht nur in den Naturwissenschaften, auch im Staatsrecht und in der Politik, auch in der Belletristik. Sogar Taschenbücher erschienen auf dem Markt. Die Elzeviers sollen zwischen 1592 und 1681 die englischen Vers- und Prosawerke des 17. Jahrhunderts in über 1600 Bänden herausgebracht haben.

Aus: Ernst Hinrichs: Einführung in die Geschichte der frühen Neuzeit. Verlag C. H. Beck oHG, München. ISBN 978-3-406-07067-7

Arbeitsblatt 8 g

Hexenwahn

In der ersten Hälfte des 17. Jahrhunderts erreichte die Hexenverfolgung in Europa ihren Höhepunkt in einem Massaker, bei dem schließlich auch Anwälte, Richter und Geistliche zusammen mit alten Frauen auf dem Scheiter-
5 haufen endeten. Erst nach dem Dreißigjährigen Krieg wächst die Skepsis über die Richtigkeit der „Lehre" von der „verschwörerischen Untergrundbewegung" der Hexen, aber der Wahn verlangt nach Opfern bis ins 18. Jahrhundert hinein. Die Hexenprozesse waren nicht die Folge ein-
10 fachen Aberglaubens; sie stützten sich vielmehr auf „wissenschaftliche Untersuchungen" einflussreicher Gelehrter, die die Geisterwelt erkunden wollten und einen Mythos von *succubi* und Hexensabbat etwa zur selben Zeit schufen, in der die ersten Humanisten abergläubische Vorstel-
15 lungen abzubauen versuchten. Auch die Wissenschaften des 16. und 17. Jahrhunderts haben Impulse nicht nur vom neubelebten Aristotelismus erhalten, sondern sie wurden auch vom hermetischen Neuplatonismus und Mystizismus stark angeregt, und der Glaube an „Dämo-
20 nen" und „magische Kräfte" wurde kolportiert.

Den Hexenwahn belebten Ende des 16. Jahrhunderts sowohl die Jesuiten als auch der protestantische Klerus. Theologen und Prediger trugen zur Verbreitung des Hexenwahns bei, so der bedeutende katholische Erbauungsschriftsteller JERE-
25 MIAS DREXEL, der Hofprediger des Herzogs von Bayern. Der Hexenwahn war oft ein Werkzeug politischen Kampfes. So gehörten die fürchterlichen Ausbrüche der Hexenverfolgungen z. B. der Jahre 1627 bis 1629 zu den schlimmsten in Mitteleuropa. Sie geschahen im Gefolge der Rückgewinnung
30 zahlreicher Territorien durch die katholische Kirche und waren in manchen Gebieten des Deutschen Reiches zugleich ein Instrument der Rekatholisierung.

Der Fürstbischof von Würzburg ließ 900 Menschen verbrennen, darunter sogar katholische Priester und Kinder;
35 in der erzbischöflichen Residenz Bonn wurden der Kanzler und seine Frau und die Frau des erzbischöflichen Sekretärs hingerichtet, auch vierjährige Kinder, des Beischlafs mit dem Teufel angeklagt, wurden verbrannt. Der „Hexenbischof" von Bamberg, Georg II., ließ ein halbes
40 Tausend Hexen töten. Sein Kanzler Dr. Haan, der Milde verdächtigt, wurde als „Hexenmeister" hingerichtet. Bei Trevor-Roper findet sich ein Brief des Bürgermeisters Johannes Julius, der auf der Folter in Bamberg gestand, was man verlangte. Der Brief wurde aus dem Kerker geschmug-

gelt und steht hier stellvertretend für die Verzweiflungs- 45 rufe von Tausenden. Er schließt mit den Worten: „Nun / mein liebes Kind / hast Du all meine Taten und Geständnisse vor Dir / um deretwillen ich sterben muss. Es ist alles Unwahrheit und Erfindung / so wahr mir Gott helfe [...]. Sie hören nicht mit der Folter auf / ehe man nicht etwas 50 ausgesagt hat [...]. Wenn Gott keine Möglichkeit schickt / die Wahrheit ans Licht zu bringen / dann wird unsere ganze Sippe verbrannt werden."

Da mit der Verurteilung der Opfer die Einziehung aller ihrer Güter verbunden war, lag oft der alleinige Grund für 55 die Verfolgung in der Sucht nach Bereicherung. So verdiente der Minister des Fürstabtes von Fulda, Balthasar Ross, in den ersten Jahren des Barockjahrhunderts an 250 Opfern über 5 000 Gulden.

Bereits 1563 erklärte JOHANN WEYER in dem Werk *De praes-* 60 *tigiis daemonum* das Gebaren der „Hexen" durch Einfluss von Dämonen oder Krankheit und ihre „Geständnisse" als erzwungen. 1621 protestierte THEODOR THUMM im *Trctatus theologicus de sagarum impietate, nocendi imbecillitate et poenae gravitate*. Auch das anonyme Buch *Malleus iudicium* 65 übte am Hexenwahn Kritik. Unter dem Eindruck der Massenprozesse der Zwanzigerjahre des 17. Jahrhunderts gegen Hexen schrieb der Jesuit FRIEDRICH SPEE VON LANGENFELD, der die Verurteilten auf den Tod vorzubereiten hatte, den beredtesten Protest gegen die Hexenverfolgungen. 70 Sein Büchlein *Cautio criminalis* erschien anonym im Jahre 1631. Doch noch 1635 hat der lutherische Gelehrte BENEDIKT CARPZOV in dem Werk *Practica rerum criminalium* die Hexenverfolgung neu begründet. Obwohl er Methoden und Wirksamkeit der Folter gesteigert und den Tod von 75 vielen Unschuldigen bewirkt hat, erfreute er sich wegen seiner Gelehrsamkeit und Frömmigkeit der Hochschätzung seiner Zeitgenossen, nahm er doch allwöchentlich das Abendmahl und las die Bibel dreiundfünfzigmal vom Anfang bis zum Ende durch. 80

Nur wenige Herrscher machten im 17. Jahrhundert in Deutschland den Hexenverbrennungen ein Ende, so der aufgeklärte Fürstbischof von Würzburg und Mainz Johann Philipp von Schönborn und die Herzöge von Braunschweig. Trotzdem blieb der stark sozial bedingte Hexen- 85 mythos während der ganzen Barockzeit unerschüttert.

In: Marian Szyrocki: Die deutsche Literatur des Barocks. © Philipp Reclam jun. GmbH & Co., Stuttgart

Arbeitsblatt 9 Dichter des Barock: Internetrecherche

Einzelarbeit:

Wählen Sie von den unten Genannten eine Dichterin bzw. einen der Dichter zur Bearbeitung aus.

Entwickeln Sie Ihren eigenen Fragehorizont: Was möchten Sie herausfinden? Was interessiert Sie an dieser Person, ihrem Leben; ihrem Werk ...?

Beschaffen Sie sich hierzu geeignete Informationen aus dem Internet oder aus anderen Quellen. Hierzu sollten Sie durchaus unterschiedliche Materialien nutzen (Bilder, Beispielgedicht/e oder einzelne Verse, Aussagen von Zeitzeugen, Urteile der Literaturwissenschaft usw.). Arbeiten Sie in Verbindung mit ihrem leitenden Interesse ein differenziertes Bild der von Ihnen gewählten Person heraus. Dokumentieren Sie Ergebnisse als Notizen oder Thesen und entwickeln Sie einen ersten Leitfaden.

Gruppenarbeit:

Finden Sie heraus, wer den gleichen Autor gewählt hat. Tragen Sie in dieser Gruppe alle Informationen zu diesem Autor zusammen und gestalten Sie gemeinsam ein Poster/Plakat, auf dem Sie den Autor/die Autorin kreativ und informativ zugleich darstellen. Nutzen Sie hierzu auch Bilder/Fotos/Darstellungen aller Art, die Sie aus Zeitschriften, Werbeseiten, Katalogen oder aus dem Internet erhalten.

Die einzelnen Plakate werden anschließend in einem ‚Museumsgang' allen TeilnehmerInnen präsentiert und kurz erläutert.

Martin Opitz (1597 – 1639)
Paul Fleming (1609 – 1640)
Andreas Gryphius (1616 – 1664)
Christian Hofmann von Hofmannswaldau (1617 – 1679)
Catharina Regina von Greiffenberg (1633 – 1694)
Simon Dach (1605 – 1659)
Friedrich von Logau (1604 – 1655)
Georg Philipp Harsdörffer (1607 – 1658)

Dokumentieren Sie die wichtigsten Aspekte Ihrer Einzelarbeit sowie das Gesamtergebnis (Foto) in Ihrem persönlichen *Portfolio*.

Termin für den Museumsgang: ....

Lehrerhinweise zur Phase II

In dieser Phase sollen die Schülerinnen und Schüler verschiedene Aspekte des kulturellen und gesellschaftlichen Lebens der Barock-Zeit erarbeiten und Leben und Werk der wichtigsten Autoren der Zeit kennenlernen. Ein Prinzip des selbstgesteuerten Lernens, nämlich die individuelle und interessengeleitete Wahl eines zu erarbeitenden Themas, soll hier besondere Berücksichtigung finden. Da der Arbeitsauftrag erst mit dem Zusammentragen aller Einzelergebnisse erfüllt ist, ist auch ein Grundprinzip des kooperativen Lernens verwirklicht.

1. Element: Kultureller und sozialer Hintergrund der Barockzeit

Arbeitsblätter 8, 8 a – g (S. 44 ff.)

Gruppenbildung: Bereiten Sie sieben Karteikarten vor und schreiben Sie die Arbeitsbereiche darauf:
Musik / Theater / Architektur / Malerei / Wissenschaft / Weltbild / Hexenverfolgung.
Hängen Sie die Karten verteilt im Klassenraum auf und bitten Sie die KursteilnehmerInnen, sich zu den einzelnen Bereichen zu verteilen. Machen Sie darauf aufmerksam, dass eine gleichmäßige Verteilung notwendig ist. Die Gruppen bilden sich dann so, dass in jeder Gruppe (4 – 5 TeilnehmerInnen) jedes Thema nur einmal vertreten ist.

Jede Gruppe organisiert ihren Arbeitsprozess bis hin zur Präsentation eigenständig, das heißt, dass sie die zeitliche Organisation der Phase strukturieren muss (Themenverteilung, Einzelarbeit, Ergebnisvorstellung innerhalb der Gruppe, Zusammenführung der Ergebnisse, Zusammenstellung und Absprache der Präsentation).
Für die Ergebnissicherung sollten zwei Gruppen exemplarisch ihre Ergebnisse vorstellen, am besten solche, bei denen die Einzelaspekte variieren. Die anderen Gruppen vervollständigen gegebenenfalls die Ergebnisse der Präsentation und notieren sich die Ergänzungen.

Für diese Phase sind 5 – 6 Unterrichtsstunden veranschlagt, inklusive einer Stunde der Präsentation.

In das **Portfolio** sollen die Mindmap oder die Übersichtsfolie der PowerPoint-Präsentation und der zusammenfassende Text zum eigenen Thema.

Es wird in dieser Phase bewusst auf die konkrete Übertragung der Arbeitsergebnisse auf die Analyse eines oder verschiedener Gedichte verzichtet und davon ausgegangen, dass die Schülerinnen und Schüler im Verlauf der Reihe die hier erworbenen Kenntnisse über das 17. Jahrhundert in ihre Arbeit miteinbeziehen.

Sollten Sie auf diese Phase als Teil der Obligatorik verzichten wollen, so können Sie die Schülerinnen und Schüler trotzdem auf die Themen- und Textauswahl hinweisen, mit der Möglichkeit, ein Thema zu übernehmen und das Ergebnis als individuelle Sonderleistung mit ins Portfolio aufzunehmen. (Es könnte auch, je nach Zeit und Interesse, ein Rahmen für Präsentationen geschaffen werden.)

59

2. Element: Dichter des Barock

**Arbeitsblatt 9
(S. 58)**

Dichter des Barock

Das **Arbeitsblatt 9** kann längerfristig parallel zu anderen Unterrichtselementen ausgegeben werden. Die Materialbeschaffung ist Aufgabe der SchülerInnen. Für die konkrete Arbeit im Kurs sind 2 – 3 Unterrichtsstunden veranschlagt. Die SchülerInnen gestalten ihr Plakat/ihre Collage und präsentieren sie in einem Museumsgang.

Information Museumsgang:

Es gibt verschiedene Variationen, doch ein Grundprinzip ist bei allen Varianten gleich: Alle SchülerInnen sollen Gruppenarbeitsergebnisse präsentieren und aufnehmen können. Hängen Sie die Plakate an leicht zugängliche Plätze im Kursraum (oder Foyer o. Ä.). Die SchülerInnen wandern von Plakat zu Plakat (freie Auswahl der Reihenfolge) und treffen dort auf ein Gruppenmitglied des jeweiligen Plakates, das das Arbeitsergebnis erläutert. Übernehmen Sie die Rolle des Zeitwächters. Eine Erklärungsphase dauert vielleicht fünf Minuten. Auf ihr Zeichen hin wechseln die Betrachter das Plakat und an jedem Plakat wechselt der/die Präsentator/in. Ziel ist es, dass alle Plakate von allen begutachtet werden und dass alle Gruppenmitglieder mindestens einmal vortragen. Jede Gruppe muss vorher die Reihenfolge der Präsentatoren festlegen.

Arbeitsblatt 10   Gestaltungsmittel der Barocklyrik (Aufgabenstellung)

Die folgende Unterrichtsphase organisieren Sie selbst. Orientieren Sie sich an folgendem Rahmen:

- *Sie erhalten vier Arbeitsblätter (10 a – 10 d) zu unterschiedlichen Gestaltungsmitteln der Barocklyrik (Signaturlehre, Emblematik, Dialogcharakter, Petrarkismus).*
- *Überfliegen Sie die Texte, entscheiden Sie sich für ein Thema und begeben Sie sich in die entsprechende Ecke des Kursraumes. (Dieser Prozess sollte in maximal 5 Minuten abgeschlossen sein.)*
- *Gewährleisten Sie eine möglichst ausgewogene Verteilung. Jedes Thema muss mit mindestens einer Gruppe (3 – 5 TeilnehmerInnen) vertreten sein.*

Arbeit an den ausgewählten Themen:

Einzelarbeit:

Fassen Sie Ihren Informationstext schriftlich zusammen (zentrale Begriffe und Aussagen, Zusammenhänge in eigenen Worten). Lesen Sie dann das Gedicht auf Ihrem Arbeitsblatt (10 a, 10 c, 10 d). Überprüfen und belegen Sie die herausgearbeiteten Informationen am Text (Belege, Beispiele). Dokumentieren Sie Ihre Ergebnisse.

Für Aufgabe 10 b gehen Sie auf die Website (URL www.schoeningh-schulbuch.de/du-selbst) und überprüfen Ihre Ergebnisse an den dort abrufbaren Beispielen.

Planen Sie für diese Arbeit eine Unterrichtsstunde ein; was Sie in dieser Zeit nicht erledigt haben, erarbeiten Sie als Hausaufgabe.

Gruppenarbeit:

Treffen Sie sich in Gruppen, die das gleiche Thema gewählt haben wie Sie (Gruppenstärke 3 – 5). Tauschen Sie Ihre Ergebnisse aus.

Entwickeln Sie eine Präsentation des Gruppenergebnisses für das Plenum, in der Sie (arbeitsteilig) den Inhalt Ihres Textes vorstellen und anhand des Beispiels veranschaulichen (Plakate/ Folien/Power Point/o. Ä.).

Einzelarbeit:

Machen Sie sich während der Präsentation der anderen Gruppen Notizen, mit dem Ziel, die drei anderen Begriffe zu definieren (Signaturlehre, Emblematik, Dialogcharakter, Petrarkismus).

Fügen Sie Ihre Textzusammenfassung, die Belege an Ihrem Gedicht (bzw. Emblemen) sowie die Begriffsdefinitionen Ihrem *Portfolio* bei.

Termin für die Präsentation ....

Arbeitsblatt 10 a

Signaturenlehre

Die Welt wurde im 17. Jahrhundert noch als „zeichenhaft" verstanden; ihre wissenschaftliche Bedeutung verlor die Signaturenlehre (= Lehre von der Zeichenhaftigkeit der Dinge) erst im 18. Jahrhundert. Bis heute hat sie sich je-
5 doch teilweise im Alltagsleben erhalten. Der zentrale Ge-danke ist, dass alles Irdische zu den Menschen spricht und gewissermaßen eine moralische Botschaft zum Ausdruck bringt. Die gesamte Umwelt, d. h. alle Phänomene der Na-tur, gilt daher als ‚lesbar' und kann in moralischer Hinsicht
10 gedeutet werden. Die Welt gilt insofern als Zeichensystem, das die Menschen lesen können/sollen (Beispiel: Das Er-scheinen eines Kometen verweist auf eine bevorstehende Katastrophe).
Die Signaturenlehre liegt der Kunstgattung „Emblematik"
15 zugrunde, die Naturphänomene [wahrnimmt und] mora-lisch auswertet.
Schon im 17. Jahrhundert war zur Erklärung der Signa-turenlehre die Buch-Metapher gebräuchlich [...]. Die Welt wird als offenes Buch verstanden, das eine eigene Gram-
20 matik und ein eigenes Vokabular besitzt. Das Buch kann nur gelesen und verstanden werden, wenn man seine Sprache spricht (dies kann – auch heute noch – gelernt werden). Ausschlaggebend ist dabei, dass die Rede von der Welt als Buch einen Autor/Verfasser voraussetzt: Gott.
25 Gott ist daher für die Zeichenhaftigkeit der Welt verant-wortlich, sodass aus den Dingen der Natur auf deren Autor zurückgeschlossen werden kann. [...]
Gott als Schöpfer hat die Dinge der Natur als Zeichen ge-schaffen, damit die Menschen mit ihrem Verstand die Welt
30 begreifen können (Erkenntnis-Optimismus). Daraus er-gibt sich der Anthropozentrismus: Im 17. Jahrhundert sah sich der Mensch noch als Mittelpunkt der Welt, da alles Irdische auf den Menschen ausgerichtet sein sollte. Durch die kopernikanische Wende setzte sich im 18. Jahrhundert
35 jedoch ein anderes Weltbild durch: Der Mensch wird seit-dem als Teil der Welt angesehen und nicht mehr als ihr Zentrum.

Literaturwissenschaft – online als Projekt der Philosophischen Fakultät der Christian-Albrechts-Universität zu Kiel

Andreas Gryphius

Einsamkeit

In dieser Einsamkeit der mehr denn öden Wüsten,
Gestreckt auf wildes Kraut, an die bemooste See,
Beschau ich jenes Tal und dieser Felsen Höh,
Auf welchen Eulen nur und stille Vögel nisten.

Hier, fern von dem Palast, weit von des Pöbels Lüsten, 5
Betracht ich, wie der Mensch in Eitelkeit vergeh,
Wie auf nicht festem Grund all unser Hoffen steh,
Wie die vor Abend schmähn, die vor dem Tag uns grüßten.
Die Höhl, der raue Wald, der Totenkopf, der Stein,
Den auch die Zeit auffrisst, die abgezehrten Bein 10
Entwerfen in dem Mut unzählige Gedanken.

Der Mauren alter Graus, dies ungebaute Land
Ist schön und fruchtbar mir, der eigentlich erkannt,
Dass alles, ohn ein Geist, den Gott selbst hält, muss wanken.

In: Das große deutsche Gedichtbuch: von 1500 bis zur Gegenwart. Neu herausgegeben und aktualisiert von Karl Otto Conrady. München: Ver-lag Artemis und Winkler, 4. Aufl. 1995, S. 41

Arbeitsblatt 10 b   Emblematik

Der Ursprung dieser Kunstgattung, die ihre Blütezeit im 17. Jahrhundert erlebte, liegt im
16. Jahrhundert. Die Emblematik, die insbesondere in Buchform auftritt (aber auch an
Gebäuden bzw. in der Ausschmückung von Zimmern vorkommt) beruht auf der Signaturenlehre, da sie ebenfalls natürliche Dinge als moralische Argumente präsentiert. Zum
5 Verständnis barocker Dichtungen ist die Kenntnis der Emblematik unverzichtbar, weil vielfach „emblematisch" argumentiert wird. Der Mailänder Andrea Alciati (1492 – 1550) veröf-
fentlichte 1531 in Augsburg, wo der Buchdruck besonders hoch entwickelt war, sein *Emble-
matum liber*. Alciati übersetzte Epigramme aus der *Anthologia Graeca* ins Lateinische und
ergänzte dies mit eigenen Epigrammen. Er fügte in der *inscriptio* jeweils ein Motto hinzu
10 und ließ die Epigramme mit Holzschnitten von Jörg Breu d. Ä. illustrieren. Daraus ergibt
sich die Dreiteiligkeit der Embleme, während die *Imprese* als Vorläufer des Emblems nur
zweiteilig war (Motto + Abbildung).

Dreiteiligkeit des Emblems
– *inscriptio* (auch: Motto/Lemma): sie signalisiert den moralischen Sinn
15 – *pictura:* meist Darstellungen aus der Natur, die als Faktum geglaubt werden können
– *subscriptio:* sie enthält eine ausdeutende Unterschrift

Der Erfolg dieser Gattung im 17. Jahrhundert ist darauf zurückzuführen, dass eine moralische Bedeutung durch geistreiche Gestaltung ausgeformt wird (Kernprinzip des Barock-
Manierismus), also z. B. als Rätsel formuliert wird. Daraus ergibt sich gleichzeitig eine
20 Pointenstruktur, da die in ihrer Knappheit verrätselte *inscriptio* erst durch die erklärende
subscriptio entschlüsselt wird. Der Erfolg der Emblematik im Barock kann möglicherweise
als Ironisierung der Signaturenlehre erklärt werden: Eigentlich müsste die *pictura* auf eine
naturwissenschaftliche Tatsache verweisen – das ist aber im 17. Jahrhundert bei den meisten Motiven längst nicht mehr der Fall […].

25 **Beispiel:**
– *inscriptio:* „Intacta virtus" („unberührte/unberührbare Tugend")
– *pictura:* Dargestellt ist ein Lorbeerbaum, den die Blitze nicht zu treffen vermögen.
(Hintergrund ist das vermeintliche „Weltwissen", dass Blitze nicht in Lorbeerbäume
einschlagen können.)
30 – *subscriptio:* „So wie der Lorbeerbaum von den Blitzen verschont wird, so bleibt auch die
Tugend von allen Übeln unverletzt."
Moralische Bedeutung des Lorbeerbaums: Die wahre Tugend kann allen Anfechtungen
widerstehen.

Emblematisches Wissen hat sich bis heute in der Alltagssprache gehalten, z. B. in der Re-
35 dewendung „Krokodilstränen weinen".

Literaturwissenschaft – online als Projekt der Philosophischen Fakultät der Christian-Albrechts-Universität zu
Kiel

INTACTA VIRTUS.

*Sic illaesa malis constat pulcherrima virtus:
Laurus ut est diris integra fulminibus.*

Arbeitsblatt 10 c

Dialogischer Charakter

Nichts erhellt die Andersartigkeit der Lyrik des 17. Jahrhunderts vielleicht so schlaglichtartig wie der Umstand, dass in ihr das Gelegenheitsgedicht zu seiner triumphalsten Entfaltung gelangte. Nicht freilich im Sinn des alten
5 Goethe, der gegenüber Eckermann betonte, alle seine Gedichte seien Gelegenheitsgedichte, weil durch die Wirklichkeit angeregt und nicht aus der Luft gegriffen. Da meint Gelegenheit schon das individuelle Erlebnis, den einmaligen, prägnanten Lebensaugenblick. [...] Beinahe jeder
10 Gedichtband des 17. Jahrhunderts enthält, oft in großer Anzahl und nach der Standeszugehörigkeit der Adressaten geordnet, solche Kasualgedichte[1] [...] Taufen, Hochzeiten und Begräbnisse, Geburts-, Namens- und andere Festtage, akademische Jubiläen, Amtseintritte und -verabschie-
15 dungen, Fürstenbesuche und höfische Feste wurden wie selbstverständlich von solcher Gebrauchslyrik begleitet. [...]
Mochte auch Martin Opitz schon 1624 die immer hemmungslosere Ausbreitung der Kasualpoesie als „dem guten Namen der Poeten" schädlich erkennen, so hielt er die
20 ten Namen der Poeten" schädlich erkennen, so hielt er die Entwicklung doch nicht auf und beteiligte sich selber daran. Das hat seine tiefere Ursache darin, dass in einem weiteren und allgemeineren Sinn das Gedicht damals kasualen Charakter überhaupt besaß. Es war zuerst und zuletzt
25 Antwort auf die Welt, auf ihre konkreten Situationen und Erscheinungen, Antwort und verbindliche Interpretation zugleich, nicht Ausdruck bloß privater Erlebnisse, Erfahrungen und Gefühle. Noch dort, wo diese Gedichte scheinbar ganz persönlich reden, sind sie nicht intro-, sondern
30 extrovertiert; sie meinen das Typische, das Exemplarische, das Vorbildhafte. Mit anderen Worten, sie verstehen sich als ausdrücklich gesellschafts- und öffentlichkeitsbezogen, als repräsentativ. [...] Im Unterschied zu späterer Lyrik fällt ebenso auf, wie viele Gedichte im Sprachgestus der Anre-
35 de verfasst sind, nicht nur an Gott und an Menschen, sondern ebenso an die Welt, an ihre Erscheinungen und Sachen. Diese Lyrik ist primär dialogisch, nicht monologisch angelegt. Sie steht der Welt gegenüber, anstatt sich mit ihr zu identifizieren.

E. Haufe. © Aufbau Verlagsgruppe GmbH, Berlin 1985 (diese Ausgabe erschien erstmals 1985 bei Rütten & Loening Berlin. Rütten & Loening ist eine Marke der Aufbau Verlagsgruppe GmbH

[1] Kasualgedicht (v. lat. casus = Fall): Gelegenheitsdichtung zu besonderen öffentlichen oder privaten Anlässen (Taufe, Begräbnis etc.); oft auch Auftragsdichtung

Paul Fleming

An sich

Sei dennoch unverzagt, gib dennoch unverloren,
Weich keinem Glücke[2] nicht, steh höher als der Neid,
Vergnüge dich an dir und acht es für kein Leid,
Hat sich gleich wider dich Glück, Ort und Zeit
                    verschworen.   5

Was dich betrübt und labt, halt alles für erkoren,
Nimm dein Verhängnis an, lass alles unbereut.
Tu, was getan muss sein, und eh man dir's gebeut.
Was du noch hoffen kannst, das wird noch stets geboren.

Was klagt, was lobt man doch? Sein Unglück und sein   10
                    Glücke
Ist ihm ein jeder selbst. Schau alle Sachen an:
Dies alles ist in dir. Lass deinen eitlen Wahn,

Und eh du förder gehst, so geh in dich zurücke.
Wer sein selbst Meister ist und sich beherrschen kann,   15
Dem ist die weite Welt und alles untertan.

In: Das große deutsche Gedichtbuch: von 1500 bis zur Gegenwart. Neu herausgegeben und aktualisiert von Karl Otto Conrady: München: Verlag Artemis und Winkler, 4. Aufl. 1995, S. 32

[2] *Glück:* im Sinne von Fortuna

Arbeitsblatt 10 d (1)

Petrarkismus

Das erste große erotische System, das in der mittelalterlichen europäischen Dichtung zur vollen Entfaltung kam, war die Vorstellungswelt der höfischen Minne. Der Minnesang war Huldigung und Frauenkult mit dem Grundton der Liebesklage. Die schöne und tugendhafte Herrin war unnahbar für den in Liebesglut sich verzehrenden Dichter. An das Ideal
5 der Troubadours kann dann später die Erneuerung der italienischen Lyrik, der *dolce stil nuovo*, anknüpfen. Frauenminne gilt ihm als Nachahmung von Gottesminne, verbindet sich mit mystischer Spekulation.

Nach dem Minnesang entwickelt sich in Nachahmung der Dichtung Petrarkas (1304 – 1374) ein zweites erotisches System von europäischer Geltung, der Petrarkismus. Von Petrarka
10 werden die Grundzüge der erotischen Situation übernommen. Der Mann ist der klagende Sklave, die Frau ist die kühle, grausame Tyrannin, die dann in den Romanen zum dämonischen Machtweib wird. Der Mann leidet die grausamsten Liebesqualen, er ist ein lebendig Toter, ein schmachtender Weichling, dessen Herz von Liebesglut verzehrt wird. Die reiche Skala der Sprache Petrarkas reduzieren die Petrarkisten zu einem von allem Be-
15 kenntnishaften befreiten Formelschatz. Zu den bekanntesten preziösen Formeln der Frauenbeschreibung gehören: Das Herz ist Diamant, die Wangen sind Rosen, die Haare Gold, die Brüste Marmorbälle. Dieser Formelschatz beherrschte bis zum Anfang des 18. Jahrhunderts die Liebesdichtung. In die deutsche Kunstlyrik führt ihn in schon vollkommen ausgebildeter Form Opitz ein [...].
20 Schon unter seinen 1618 an Asterien gerichteten Jugendgedichten befindet sich das ‚Sonnet. E. Belgico‘, in dem die formelhafte Beschreibung der Geliebten voll durchgeführt ist:

> [...]
> Sie tregt in dem Gesicht zween lebend‘ Asteriten /
> Die Lippen sein Corall / die Wangen sein Robin /
25 > Die zarten Brüste sein von schönen Chrysoliten;
> O were nicht Demant jhr Hertz‘ und harter Sinn!

Die huldigende Beschreibung der Geliebten bedient sich auch gern der mythologischen Verklärung und der „Verdeutlichung der wirkenden Kraft in sinnlich wahrnehmbaren Prozessen" (H. Pyritz).
30 Die Petrarkisten besingen in ihren Gedichten das Bild der Geliebten, den Mund, die Hände und die Haare. Vor allem aber preisen sie die überschönen, blind machenden, tötenden Augen. Anlass zur Huldigung der Geliebten bieten Ringe, Armbänder, Haarnadeln. Auch das Traumerlebnis und die Liebeserinnerung spielen eine Rolle. Die grellen und farbenreichen, aber formelhaften Beschreibungen von Frauenschönheit in Gedichten des 17.
35 Jahrhunderts bemühen sich nicht um wirklichkeitsnahe, unmittelbare sprachliche Rekonstruktion des Bildes der Gepriesenen; ihr Bild entsteht vielmehr aus einer Reihe von Vergleichen, die nicht realitätsgebunden sind, weil sie vor allem die Funktion des Lobpreises zu erfüllen haben und sich deshalb des stilistischen Prinzips der Überbietung bedienen.
40 Der Petrarkismus verwendet aber auch gern Antithese und Hyperbel, die in der Dichtung des 17. Jahrhunderts oft das ganze Gedicht beherrschen. Zu den gebräuchlichsten Gegenüberstellungen gehören: Lust und Leid, Flammen und Tränen, Leben und Tod. Die Antithetik der Liebeserfahrung ist aufs Engste mit der Hyperbolik der Liebesbekundung ver-

Arbeitsblatt 10 d
(2)

bunden, die antithetische Spannung wird hyperbolisch stilisiert. Die Hyperbolik entspringt
45 manchmal auch der starken Akzentuierung der Parallelität zwischen Mensch und Welt,
Mikrokosmos und Makrokosmos. Diese Gedankengänge waren durch die naturmystisch-
theosophische Tradition vorgebildet und führen in der petrarkistischen Liebespoesie zu
erotischen Spekulationen, zu der Überzeugung vom Gleichlauf kosmischen und menschlichen Liebesgeschehens und häufig zur Vorstellung einer Teilnahme der Natur an der
50 irdischen Liebe von Mann und Frau.

Aus: Marian Szyrocki: Die deutsche Literatur des Barocks. © Philipp Reclam jun. GmbH & Co., Stuttgart

Christian Hofmann von Hofmannswaldau

Beschreibung vollkommener Schönheit (1679?)

Ein Haar, so kühnlich Trotz der Berenike spricht,
Ein Mund, der Rosen führt und Perlen in sich heget,
Ein Zünglein, so ein Gift vor tausend Herzen traget,
Zwo Brüste, wo Rubin durch Alabaster bricht,
5 Ein Hals, der Schwanenschnee weit, weit zurücke sticht,
Zwei Wangen, wo die Pracht der Flora sich beweget,
Ein Blick, der Blitze führt und Männer niederleget,
Zwei Armen, derer Kraft oft Leuen hingericht't,
Ein Herz, aus welchem nichts als mein Verderben quillet,
10 Ein Wort, so himmlisch ist und mich verdammen kann,
Zwei Hände, derer Grimm mich in den Bann getan
Und durch ein süßes Gift die Seele selbst umhüllet,
Ein Zierat, wie es scheint, im Paradies gemacht,
Hat mich um meinen Witz und meine Freiheit bracht.

Aus: Das große deutsche Gedichtbuch: von 1500 bis zur Gegenwart. Neu herausgegeben und aktualisiert
von Karl Otto Conrady. München: Verlag Artemis und Winkler, 4. Auflage 1995, S. 65

Lehrerhinweise Phase III

Für die Phase III sind drei Unterrichtsstunden eingeplant.

Wir schlagen folgenden Ablauf vor:

- Die SchülerInnen werden über das Thema der Phase (Gestaltungsmittel der Barocklyrik) informiert.
- Die SchülerInnen erhalten die Arbeitsblätter 10 und 10 a – d. (S.) und die Termine für die Präsentationen.
- Vier vorbereitete Karteikarten mit jeweils einem Unterthema (Signaturenlehre, Emblematik, Dialogcharakter, Petrarkismus) werden in die vier Ecken des Kursraumes gehängt.

Arbeitsblatt 10 (S. 61)

Der weitere Ablauf wird von den SchülerInnen auf der Grundlage von Arbeitsblatt 10 selbst gesteuert.

Die Aufgabe der Kursleitung in dieser Phase besteht in erster Linie darin, Struktur und Rahmen der Präsentation zu klären. Dazu zählen: Einhaltung terminlicher Vorgaben, Hilfestellung bei Präsentationsreihenfolge und Auswahl sowie Bereitstellung der benötigten Medien.

(Es ist sinnvoll, jeweils eine Gruppe zu jedem Thema präsentieren und die Ergebnisse von den themengleichen Gruppen ergänzen zu lassen. Optimal ist es, wenn für die Präsentation der „Emblematik-Gruppe" ein Internetanschluss plus Beamer im Kursraum zur Verfügung stehen, denn so lassen sich die entsprechenden Präsentationsmedien aus URL www.schoeningh-schulbuch.de/du-selbst am besten nutzen.)

Portfolio:

- Kernaussagen des eigenen Textes und Beleg am konkreten Beispiel
- Definitionen der anderen drei Begriffe

Im Folgenden finden Sie Lösungsvorschläge für die Arbeitsaufträge 10 a – d:

Arbeitsblatt 10 a: (S. 62)

Signaturenlehre

Inhalt des Textes:

- Alles Irdische, alle Elemente der Natur, wurden im 17. Jahrhundert als Zeichen verstanden.
- Diese Zeichen sind Teil eines Systems, mit dem sich Gott den Menschen mitteilt.
- Das Lesen der Zeichen ist erlernbar; sie verfügen über eine eigene Grammatik und ein eigenes Vokabular.
- Der Mensch, der sich als Zentrum der Welt definiert, kann mit diesen Zeichen den Plan Gottes und den Sinn der eigenen Existenz begreifen.

Übertragung auf das Gedicht „Einsamkeit" von Andreas Gryphius:

– Das Sonett beschreibt den Prozess der Erkenntnis, den Gläubige beschreiten sollten (beschauen, betrachten, entwerfen, erkennen).

– In der ersten Strophe beschaut das lyrische Ich die Natur (wildes Kraut, bemooste See, Tal, Höh, Eulen, Vögel) und setzt sie in der zweiten Strophe menschlichen Erscheinungen gegenüber (Palast, Pöbels Lüsten, Hoffen).

– Gegenstand der Reflexion ist die eigentliche Bestimmung.

– Zu den Grunderkenntnissen gehört das Wissen um die „Eitelkeit", um die Vergänglichkeit der Natur (selbst der Stein wird von der Zeit aufgefressen) und damit um die Vergänglichkeit des Menschen.

– Nur der Geist Gottes ist das, woran das lyrische Ich festhalten kann, ohne ihn geriete alles ins Wanken.

– Das lyrische Ich „entziffert" in den Naturelementen seine Bestimmung und damit den Glauben an Gott.

Arbeitsblatt 10 b (S. 63)

Emblematik

– Blütezeit im 17. Jahrhundert; Embleme sind insbesondere in Büchern zu finden, aber auch an Gebäuden oder in Zimmern.

– Sie beruht auf der Signaturenlehre, d. h. sie präsentiert natürliche Dinge als moralische Argumente.

– Sie besteht aus drei Teilen (auch wenn es zweiteilige Vorläufer gibt): **inscriptio, pictura, subsriptio**

– Erfolg im Barock erklärbar durch die Möglichkeit, moralische Bedeutung geistreich, pointiert und hintergründig-rätselhaft auszudrücken.

Diese Aussagen sollen dann anhand der Beispiel-Embleme auf URL www.schoeningh-schulbuch.de/du-selbst genauer erläutert werden.

Arbeitsblatt 10 c (S. 64)

Dialogischer Charakter

Inhalt des Textes:

– Gelegenheitsgedichte sind Gedichte, die zu einem bestimmten Anlass (Hochzeit, Taufe, Beerdigung o. Ä.) geschrieben sind (Kausalgedichte).

– Gelegenheitsgedichte kamen im 17. Jahrhundert derart in Mode, dass auch Kritik an der Masse und der Qualität zum Ausdruck gebracht wurde (Opitz).

– In Gelegenheitsgedichten geht es nicht um den Ausdruck subjektiver Gefühle, sondern um allgemeingültige Aussagen zu Fragen der Welt.

– Sie sollen repräsentative Antworten geben, exemplarisch sein, vorbildhaft.

– Gelegenheitsgedichte sind im Gestus der Anrede geschrieben.

– Sie sind dialogisch angelegt, nicht monologisch.

Übertragung auf das Gedicht „An sich" von Paul Fleming:

– Der Gestus der Anrede bezieht sich auf das lyrische Ich selbst. Dabei geht es nicht um individuelle, subjektiv emotionale Selbstbespiegelung, sondern um Allgemeingültigkeit beanspruchende Lebensweisheiten.

– Reihungsstil mit Imperativen, die das „sich" als jemand Äußeres wahrnehmen lassen

– Daher dialogischer, kein monologischer Ton, wenngleich auf sich selbst bezogen

– Die Aufforderung allerdings (antithetisch) bezieht sich auf den inneren Weg; die Lebensweisheit heißt: Beziehe dich auf dich selbst, beherrsche dich im doppelten Sinne, dann steht dir die Welt offen.

Arbeitsblatt 10 d (S. 65)

Petrarkismus

Inhalt des Textes:

– Der Barock schuf nach dem mittelalterlichen Minnesang ein zweites System erotischer Dichtung.
– Sich auf den Dichter Petrarca (1304 – 1374) beziehend, spricht man von Petrarkismus und übernimmt von ihm Grundzüge der erotischen Situation.
– Der Mann als klagend Abhängiger – die Frau kühl und grausam. Der Mann leidet, schmachtet, verzehrt sich, betet an.
– formelhafte Sprache der Frauenbeschreibung: Herz – Diamant, Wangen – Rosen, Haare Gold, Brüste – Marmorbälle
– Beschreibung auch durch mythologische Verklärung
– Es geht nicht um die Beschreibung der realen Schönheit der Person, sondern um die Funktion der Lobpreisung.
– Petrarkisten verwenden gerne Antithesen (Lust – Leid, Flammen – Tränen, Leben – Tod) und Hyperbeln.

Übertragung auf das Gedicht „Beschreibung vollkommener Schönheit" von Christian Hofmann von Hofmannswaldau:

– Reihungsstil mit Beschreibung der Körperteile
– Schönheit als Verzückung und Gefahr, als Verführung und Bedrohung (Antithetik: Rosen, Perlen – Gift; Pracht der Flora – tötende Blitze)
– Gegen Ende des Gedichtes bleibt von der Schönheit nur die Verdammung des Mannes durch dieselbe (Verderben, verdammen, in den Bann, süßes Gift der Seele).
– Anspielung auf das Paradies (Eva)
– Schönheit wird als „Zierrat" beschrieben, die den Mann um Witz und Freiheit bringt.

Arbeitsblatt 11 a (1)   Vergleichende Analyse: Karin Kiwus

Bilden Sie drei gleich große Untergruppen nach folgenden Kriterien:

A/1: Erarbeitung eines kreativen Einstiegs in eine Unterrichtsstunde
A/2: Erarbeitung zentraler Merkmale des Gedichtes
A/3: Zusammenstellung der wichtigsten Informationen zum epochalen Hintergrund
(hier: Literatur der 70er-Jahre, Lyrik der „Neuen Subjektivität")

Karin Kiwus

Fragile (1979)

Wenn ich jetzt sage
ich liebe dich
übergebe ich nur
vorsichtig das Geschenk
5 zu einem Fest das wir beide
noch nie gefeiert haben

Und wenn du gleich
wieder allein
deinen Geburtstag
10 vor Augen hast
und dieses Päckchen
ungeduldig an dich reißt
dann nimmst du schon
die scheppernden Scherben darin
15 gar nicht mehr wahr

Aus: Karin Kiwus: Angenommen später. Suhrkamp Verlag, Frankfurt 1979

Arbeitsaufträge für die einzelnen Gruppen:

A/1:
Einzelarbeit:
Lesen Sie das Gedicht mehrfach durch und notieren Sie sich Assoziationen und Ideen, die Sie zum Inhalt des Gedichtes haben.
Gruppenarbeit:
Tauschen Sie sich innerhalb Ihrer Gruppe aus. Entwickeln Sie aus Ihren Ideen einen kreativen Einstieg in eine Unterrichtsstunde, die dieses Gedicht zum Thema hat. Der Einstieg soll den Kurs für die Auseinandersetzung mit dem Gedicht sensibilisieren, interessieren und aktivieren. Planen Sie für ca. 15 – 20 Minuten.
Mögliche Arbeitsaufträge: ein Lesehinweis, ein thematischer Impuls, Vortrags- oder Textvarianten o. Ä. Ihrer Kreativität sind keine Grenzen gesetzt.

Arbeitsblatt 11 a
(2)

A/2:

Einzelarbeit:

Lesen Sie sich das Gedicht durch und erarbeiten Sie alle sprachlichen, formalen und inhaltlichen Besonderheiten.

Gruppenarbeit:

Tauschen Sie sich innerhalb der Gruppe aus und entwickeln Sie eine Folie oder eine Power-Point-Präsentation, auf der Sie alle wichtigen Informationen festhalten und Ihren MitschülerInnen sinnvoll präsentieren können.

A/3:

Einzelarbeit:

Informieren Sie sich in Ihrem Deutschbuch oder im Internet über den Zeitabschnitt der 70er-Jahre des 20. Jahrhunderts. Erarbeiten Sie die wichtigsten Themen der Zeit. Finden Sie Informationen zur Lyrik der 70er-Jahre (Neue Subjektivität, Neue Innerlichkeit).

Gruppenarbeit:

Entwickeln Sie ein Plakat, auf dem Sie die wichtigsten Ergebnisse Ihrer Recherche dokumentieren. Verwenden Sie neben geschriebener Sachinformation auch Bilder, Symbole oder andere Darstellungen.

Informationen zum Ablauf der Präsentation:

Gruppe A/1: Beginnen Sie mit dem erarbeiteten Stundeneinstieg. Dazu ist es wichtig, dass Sie das Gedicht allen zugänglich machen (OH-Folie, Beamer, Tafelanschrieb, Kopien, ...). Diese Einstiegsphase soll nicht länger als 15 bis 20 Min. dauern.

Gruppe A/2: Im Anschluss an Gruppe A/1 präsentieren Sie Ihre Ergebnisse anhand des Gedichtes. (5 – 10 Min.)

Gruppe A/3: Zum Abschluss präsentieren Sie ihr Plakat und erläutern es. (5 – 10 Min.)

Am Ende der Stunde müssen Sie noch 5 – 10 Minuten für Fragen aus dem Plenum und für Feedback für die Vortragenden einplanen.

An alle KursteilnehmerInnen: Machen Sie sich während der Vorträge der Gruppen A/2 und A/3 Notizen, Sie brauchen sie für eine spätere Analyse!

Portfolio:

Gruppe A/1: Skizzieren Sie schriftlich Ihre Einstiegsidee und formulieren Sie, was Sie erreichen wollten.

Gruppe A/2 und A/3: Notieren Sie Ihr Gruppenergebnis.

Präsentationstermin ....

Arbeitsblatt 11 b (1)   Vergleichende Analyse: Eduard Mörike

Bilden Sie drei gleich große Untergruppen nach folgenden Kriterien:

B/1: Erarbeitung eines kreativen Einstiegs in eine Unterrichtsstunde
B/2: Erarbeitung zentraler Merkmale des Gedichtes
B/3: Zusammenstellung der wichtigsten Informationen zum epochalen Hintergrund (hier: Romantik)

Eduard Mörike

An die Geliebte (1830)

Wenn ich, von deinem Anschaun tief gestillt,
Mich stumm an deinem heil'gen Wert vergnüge,
Dann hör ich recht die leisen Atemzüge
Des Engels, welcher sich in dir verhüllt.

5 Und ein erstaunt, ein fragend Lächeln quillt
Auf meinen Mund, ob mich kein Traum betrüge,
Dass nun in dir, zu ewiger Genüge,
Mein kühnster Wunsch, mein einz'ger, sich erfüllt?

Von Tiefe dann zu Tiefen stürzt mein Sinn,
10 Ich höre aus der Gottheit nächt'ger Ferne
Die Quellen des Geschicks melodisch rauschen.

Betäubt kehr ich den Blick nach oben hin,
Zum Himmel auf – da lächeln alle Sterne;
Ich kniee, ihrem Lichtgesang zu lauschen.

Aus: Eduard Mörike: Liebesgedichte. Frankfurt am Main: Insel Verlag 2004

Arbeitsaufträge für die einzelnen Gruppen:

B/ 1:
Einzelarbeit:
Lesen Sie das Gedicht mehrfach durch und notieren Sie sich Assoziationen und Ideen, die Sie zum Inhalt des Gedichtes haben.
Gruppenarbeit:
Tauschen Sie sich innerhalb Ihrer Gruppe aus. Entwickeln Sie aus Ihren Ideen einen kreativen Einstieg in eine Unterrichtsstunde, die dieses Gedicht zum Thema hat. Der Einstieg soll den Kurs für die Auseinandersetzung mit dem Gedicht sensibilisieren, interessieren und aktivieren. Planen Sie für ca. 15 – 20 Minuten.
Mögliche Arbeitsaufträge: ein Lesehinweis, ein thematischer Impuls, Vortrags- oder Textvarianten o. Ä. Ihrer Kreativität sind keine Grenzen gesetzt.

Arbeitsblatt 11 b
(2)

B/2:

Einzelarbeit:

Lesen Sie das Gedicht durch und erarbeiten Sie alle sprachlichen, formalen und inhaltlichen Besonderheiten.

Gruppenarbeit:

Tauschen Sie sich innerhalb der Gruppe aus und entwickeln Sie eine Folie oder eine Power-Point-Präsentation, auf der Sie alle wichtigen Informationen festhalten und Ihren MitschülerInnen sinnvoll präsentieren können.

B/3:

Einzelarbeit:

Infomieren Sie sich in Ihrem Deutschbuch oder im Internet über die literarische Epoche der Romantik. Erarbeiten Sie die wichtigsten Themen der Zeit.

Gruppenarbeit:

Entwickeln Sie ein Plakat, auf dem Sie die wichtigsten Ergebnisse Ihrer Recherche dokumentieren. Verwenden Sie neben geschriebener Sachinformation auch Bilder, Symbole oder andere Darstellungen.

Informationen zum Ablauf der Präsentation:

Gruppe B/1: Beginnen Sie mit dem erarbeiteten Stundeneinstieg. Dazu ist es wichtig, dass Sie das Gedicht allen zugänglich machen (OH-Folie, Beamer, Tafelanschrieb, Kopien, ...). Diese Einstiegsphase soll nicht länger als 15 bis 20 Min. dauern.

Gruppe B/2: Im Anschluss an Gruppe B/l präsentieren Sie Ihre Ergebnisse anhand des Gedichtes. (5 – 10 Min.)

Gruppe B/3: Zum Abschluss präsentieren Sie Ihr Plakat und erläutern es. (5 – 10 Min.)

Am Ende der Stunde müssen Sie noch 5 – 10 Minuten für Fragen aus dem Plenum und für Feedback für die Vortragenden einplanen.

An alle KursteilnehmerInnen: Machen Sie sich während der Vorträge der Gruppen B/2 und B/3 Notizen, Sie brauchen sie für eine spätere Analyse!

Portfolio:

Gruppe B/1: Skizzieren Sie schriftlich Ihre Einstiegsidee und formulieren Sie, was Sie erreichen wollten.

Gruppe B/2 und B/3: Notieren Sie Ihr Gruppenergebnis.

Präsentationstermin ....

Arbeitsblatt 11 c (1) Vergleichende Analyse dreier Gedichte

Einzelarbeit:

Entscheiden Sie sich für eins der beiden besprochenen ‚nicht-barocken' Gedichte und bearbeiten Sie die folgenden Aufgabenstellungen:

1. Analysieren und interpretieren Sie das Gedicht „Ach Liebste, lass uns eilen" von Martin Opitz unter Beachtung seiner Epochenzugehörigkeit.

2. Vergleichen Sie anschließend die Darstellung der Liebesbeziehung in Martin Opitz' Gedicht „Ach Liebste, lass uns eilen" mit der in Eduard Mörikes Gedicht „An die Geliebte" oder mit der in dem Gedicht „Fragile" von Karin Kiwus unter inhaltlichen, sprachlich-formalen und epochalen Gesichtspunkten.

Martin Opitz

Ach Liebste, lass uns eilen (1624)

Ach Liebste, lass uns eilen,
   Wir haben Zeit[1]:
Es schadet uns Verweilen
   Uns beiderseit.
5 Der edlen Schönheit Gaben
   Fliehn Fuß für Fuß,
Dass alles, was wir haben,
   Verschwinden muss.
Der Wangen Zier verbleichet,
10   Das Haar wird greis,
Der Augen Feuer weichet,
   Die Brunst wird Eis.
Das Mündlein von Korallen
   Wird ungestalt,
15 Die Händ als Schnee verfallen,
   Und du wirst alt.
Drum lass uns jetzt genießen
   Der Jugend Frucht,
Eh denn wir folgen müssen
20   Der Jahre Flucht.
Wo du dich selber liebest,
   So liebe mich,
Gib mir, dass, wann du gibest,
   Verlier auch ich.

[1] *Wir haben Zeit:* es ist an der Zeit.

In: Theodor Echtermeyer, Benno von Wiese: Deutsche Gedichte. Von den Anfängen bis zur Gegenwart. Auswahl für Schulen. Berlin: Cornelsen Verlag 1993, S. 85

Arbeitsblatt 11 c
(2)

Eduard Mörike

An die Geliebte (1830)

Wenn ich, von deinem Anschaun tief gestillt,
Mich stumm an deinem heil'gen Wert vergnüge,
Dann hör ich recht die leisen Atemzüge
Des Engels, welcher sich in dir verhüllt.

5 Und ein erstaunt, ein fragend Lächeln quillt
Auf meinen Mund, ob mich kein Traum betrüge,
Dass nun in dir, zu ewiger Genüge,
Mein kühnster Wunsch, mein einz'ger, sich erfüllt?

Von Tiefe dann zu Tiefen stürzt mein Sinn,
10 Ich höre aus der Gottheit nächt'ger Ferne
Die Quellen des Geschicks melodisch rauschen.

Betäubt kehr ich den Blick nach oben hin,
Zum Himmel auf – da lächeln alle Sterne;
Ich kniee, ihrem Lichtgesang zu lauschen.

Aus: Eduard Mörike: Liebesgedichte. Frankfurt am Main: Insel Verlag 2004

Karin Kiwus

Fragile (1979)

Wenn ich jetzt sage
ich liebe dich
übergebe ich nur
vorsichtig das Geschenk
5 zu einem Fest das wir beide
noch nie gefeiert haben

Und wenn du gleich
wieder allein
deinen Geburtstag
10 vor Augen hast
und dieses Päckchen
ungeduldig an dich reißt
dann nimmst du schon
die scheppernden Scherben darin
15 gar nicht mehr wahr

In: Lyrik für Leser. Deutsche Gedichte der Siebzigerjahre. Hrsg. von Volker Hage. Stuttgart: Reclam Verlag 1980, S. 91

Rückmeldebogen 3 (1)

Vergleichende Analyse

für: _____ von _____ Datum:

Kriterien	differenzierte Kommentare
1. Martin Opitz: „Ach Liebste, lass uns eilen"	
Der Einleitungssatz	
Die Thematik ist benannt; eine erste Deutungshypothese ist formuliert.	
Merkmale der formalen Struktur (Sonett, Epigramm, ...) sind benannt und belegt.	
Die Empfindung/Position des lyrischen Ichs ist differenziert erkannt und belegt.	
Ein **Zusammenhang** wird hergestellt zwischen den Ergebnissen der Textarbeit und der **Epochenzugehörigkeit.**	
Die Deutungsarbeit **verbindet** sinnvoll inhaltliche, sprachliche und formale Beobachtungen.	
Die anfängliche **Deutungshypothese** wird überprüft.	
Fachbegriffe werden sinnvoll verwandt.	
Die Darstellungsleistung: Sprachlicher Ausdruck Satzbau und Grammatik Rechtschreibung und Zeichensetzung Korrekte Zitate	

Rückmeldebogen 3 (2)

Vergleichende Analyse

Kriterien	differenzierte Kommentare
2. Vergleich	
Das zu vergleichende Gedicht wird thematisch und epochal zugeordnet.	
Erste Hypothese über die unterschiedliche Darstellung der Liebesbeziehung wird formuliert.	
Formale Unterschiede werden benannt und belegt, Bezug zu den unterschiedlichen Epochen wird hergestellt.	
Sprachliche Unterschiede werden benannt und belegt und epochal eingeordnet.	
Erste Hypothese der inhaltlichen Unterschiede wird noch einmal aufgegriffen, vertieft und an den Texten belegt zu einem Analyseergebnis geführt.	
Fachbegriffe werden sinnvoll verwandt.	
Die Darstellungsleistung: Sprachlicher Ausdruck Satzbau und Grammatik Rechtschreibung und Zeichensetzung Korrekte Zitate	
Das hat mir an der Arbeit besonders gut gefallen:	

Rückmeldebogen 3

Arbeitsblatt 12　　　　　　　　　　　Liebeslyrik kreativ

Arbeitsauftrag 1:

Einzelarbeit/Hausarbeit:

Gestalten Sie ausgehend von den drei vorliegenden Liebesgedichten eine neue, individuelle Textgestalt und Textaussage zum Themenfeld „Liebe".

Orientieren Sie sich dabei an folgenden Vorgaben:

- *Wählen Sie aus jedem der drei Gedichte einzelne Verse, die Sie besonders ansprechen, für Ihre Gestaltung aus (mind. 1/max. 4 Verse pro Gedicht).*
- *Die Versgestalt muss dem Original entsprechend erhalten bleiben.*
- *Verfassen Sie zusätzlich eigene Verse (mind. 1/max. 4).*
- *Entscheiden Sie, ob Sie einzelne Verse wiederholt einsetzen.*
- *Entscheiden Sie, ob und wie Sie eine Stropheneinteilung vornehmen.*
- *Formulieren Sie (abschließend) eine Überschrift für Ihr Liebesgedicht.*
- *Drucken Sie Ihren Text in Schriftgröße 14 zweimal aus (zur Erleichterung der Lesbarkeit in der späteren Gruppenarbeitsphase).*

Arbeitsauftrag 2:

Gruppenarbeit:

Zeitrahmen: 10 Minuten (alles inkl.)

- *Lesen Sie sich Ihre selbst verfassten Texte gegenseitig vor. Achten Sie dabei auf eine wertschätzende und zugewandte Haltung.*
- *Einigen Sie sich auf einen Text, der Ihre Aufmerksamkeit besonders weckt.*
- *Legen Sie den ausgewählten Text in zweifacher Ausfertigung in das mittlere Feld Ihres Plakats, sodass man ihn von beiden Seiten lesen kann.*

Arbeitsauftrag 3:

Gruppenarbeit/stummes Schreibgespräch:

Zeitrahmen: 20 Minuten (3 Min. pro Runde)

Gehen Sie mit Ihrer Gruppe an den nächsten Gruppentisch. Ab hier gilt „stumm" wörtlich.

- *Lesen Sie das dort präsentierte Gedicht mehrmals.*
- *Schreiben Sie in das vor Ihnen liegende Feld spontane Äußerungen, die Ihnen zu dem Gedicht einfallen (Notizen, Fragen, Irritationen, Lob, inhaltliche und formale Anmerkungen).*
- *Nach dem Signalton (nach drei Minuten) drehen Sie das Plakat im Uhrzeigersinn.*
- *Lesen, ergänzen, kommentieren Sie die Aufzeichnungen, die Sie dort finden.*
- *Dies wiederholt sich drei Mal, bis jede/r in jedes Feld eingetragen hat.*
- *Auf das letzte Signal hin endet die stumme Phase. Tauschen sie sich über die Ergebnisse aus.*
- *Formulieren Sie eine Verstehenshypothese, eine Fragestellung und eine Aussage darüber, was Sie als besondere Qualität erkennen.*

Arbeitsauftrag 4:

Austausch/ Rückmeldung:

Zeitrahmen: 10 Minuten

Die AutorInnen gehen an den Gruppentisch, an dem ihr Gedicht besprochen wurde. Die Gruppenteilnehmer bitten den Autor/die Autorin, seinen/ihren Text vorzutragen. Nach dem Vortrag geben die Gruppenmitglieder die Rückmeldungen einzeln. Ziel: ein wertschätzender und zugewandter Austausch mit dem Autor/der Autorin über den Text.

Fügen Sie Ihr Gedicht dem *Portfolio* bei.

Lehrerhinweise zu Phase IV

1. Element: Vergleichende Gedichtanalyse. Themenfeld „Liebe"

In diesem Element steht die vergleichende Analyse eines Barockgedichtes mit einem Gedicht aus einer anderen literarischen Epoche zum gleichen Themenbereich als Vorbereitung auf die Klausur im Mittelpunkt.

Der gemeinsame thematische Schwerpunkt der ausgewählten Gedichte ist das Thema „Liebe".

Arbeitsblatt 11 a (S. 70) — Karin Kiwus: Fragile

Arbeitsblatt 11 b (S. 72) — Eduard Mörike: An die Geliebte

Gruppenarbeit:

Im ersten Schritt sollen im kooperativen, selbstgesteuerten Lernprozess die Vergleichsgedichte erarbeitet werden. Hierzu teilt sich der Kurs in zwei möglichst gleich große Hälften (z. B. durch Auszählen), die jeweils eines der Vergleichsgedichte erhalten: Gruppe A erhält ein Gedicht aus den 70er-Jahren des 20. Jahrhunderts (Neue Subjektivität) **(Arbeitsblatt 11 a)**, Gruppe B erhält ein Gedicht aus der Romantik **(Arbeitsblatt 11 b)**. Die Aufgabenstellungen sind für beide Kurshälften gleich.

Die Schüler teilen sich zunächst in jeder Hälfte in **drei Teilgruppen** auf. Als Element des selbstgesteuerten und kooperativen Lernens übernehmen die Gruppen unterschiedliche Funktionen und Aufgabenschwerpunkte: Die Teilgruppe 1 hat die Aufgabe, den Einstieg in eine Unterrichtssequenz selbst zu entwickeln und durchzuführen. Gruppe 2 arbeitet textimmanent (Inhalt und Form) und Gruppe 3 widmet sich dem epochalen Hintergrund. In der anschließenden Präsentation der Teilgruppen fließen deren Kenntnisse zusammen und bilden eine gemeinsame Basis für den nächsten Schritt: die vergleichende Analyse mit dem Barockgedicht: „Ach Liebste, lass uns eilen", von Martin Opitz.

Einzelarbeit:

(schriftlich) Diese Arbeit kann mit der Methode des Partnerfeedbacks **(Rückmeldebogen 3, S. 76 f.)** reflektiert und ausgewertet werden. Ergänzend sollten einige Analysen exemplarisch im Kurs vorgelesen und besprochen werden, wobei besonderer Wert auf ressourcenorientiertes Feedback gelegt werden soll.

Vorschlag für die zeitliche Strukturierung dieses Elements: Für die Erarbeitung der Arbeitsaufträge sind zwei Unterrichtsstunden plus Hausaufgaben vorgesehen; für die Präsentationen der beiden Kurshälften jeweils eine Unterrichtsstunde. Das ist knapp bemessen. Wenn mehr Zeit zur Verfügung steht, sollte diese auch für Feedback und Prozessreflexion eingeplant werden.

Mögliche Arbeitsergebnisse:

Karin Kiwus: Fragile

Teilgruppe A/1: Impuls kommt von den SchülerInnen

Teilgruppe A/2: Zwei Strophen, ungleich viele Verse von unterschiedlicher Länge, kein Reimschema – also von der Struktur her ohne klare Form – modernes Gedicht.
‚Wenn ich jetzt sage' – erster Vers drückt eine Möglichkeit aus, ebenso der erste Vers der zweiten Strophe, allerdings auf das Du bezogen.
In der ersten Strophe steht das lyrische Ich im Zentrum. Die Wortwahl lässt Sensibilität vermuten: „sage", „ich liebe dich" „vorsichtig", „das Geschenk".
In der zweiten Strophe steht das Gegenüber im Mittelpunkt, die Sprache ist eher sachlich bis unsensibel: „wieder allein", „vor Augen hast", „ungeduldig", „an dich reißt", „scheppernde Scherben", „nicht wahrnehmen". Das Geschenk des lyrischen Ichs ist seine Liebe, mit der das Du nicht umgehen kann, sie schon bei der „Übergabe" durch Ungeduld und Unachtsamkeit zerstört. Alles bleibt allerdings Gedankenkonstrukt des lyrischen Ichs, innere Auseinandersetzung. Das Fest der Liebe, wie es vom lyrischen Ich verstanden wird, wurde noch nie gefeiert.

Teilgruppe A/3: ‚Neue Subjektivität', oder ‚Neue Innerlichkeit', nach extrem politisierter Zeit der End-Sechziger mit

79

Studentenbewegung, außerparlamentarischer Opposition, Demonstrationen und Straßenschlachten, nach der Frage der ausschließlich politischen Verwertbarkeit von Literatur, jetzt Rückbesinnung auf das Private, auf die persönliche Wahrnehmung, auf subjektives Empfinden, wobei dies alles aber als politisch gesehen wird. Emanzipationsbewegung der Frau, Identitätsfragen, Alltagswahrnehmungen, Snap Shot-Gedichte, Sprachanalyse, Kommunikationsmuster werden hinterfragt.

Eduard Mörike: An die Geliebte

Teilgruppe B/1: Impuls kommt von den SchülerInnen

Teilgruppe B/2: Sonett (abba / abba / cde / cde), Quartette als hochemotionale Situationsbeschreibung, Steigerung bis hin zum „kühnsten", „einzigen" Wunsch; Terzette verdeutlichen die Verwirrung und Besinnung, die im Glauben beruhende tranzendentale Überhöhung des Geschehens. Hypotaxe als Auftakt des Gedichtes, die Geliebte im ersten Quartett ins Religiöse gerückt („heiliger Wert", „Engel"), das zweite Quartett bringt Erstaunen und Zweifel („Traum") zum Ausdruck und die Gefahr, dass die Geliebte das gesamte Leben besetzt („zu ewiger Genüge"). Inhaltseinschnitt von den Quartetten hin zu den Terzetten, Bestürzung, Verwirrung, das Schicksal meldet sich aus

„der Gottheit nächtger Ferne" und weist den Weg „zum Himmel", Vermischung der Sinneseindrücke (Synästhesie) unterstreicht die Verwirrung.

Über aller weltlichen Liebe steht die Liebe im Glauben, in Demut den Blick nach oben gewandt, kniet das lyrische Ich vor Gott nieder.

Personifizierung („Lächeln quillt", „da lächeln alle Sterne"), Correctio und Hyperbel („Mein kühnster Wunsch, mein einz'ger", „Von Tiefe dann zu Tiefen stürzt mein Sinn").

Teilgruppe B/3: Romantik (1795 – 1840; Eduard Mörike: Spätromantik) Infragestellung der Vernunft der Aufklärung, das Gefühl wird in den Mittelpunkt des Weltempfindens gestellt, die Welt soll intensiv empfunden werden, nicht erkannt, Sehnsucht wird zum alles überragenden Gefühlsausdruck, Universalität und Subjektivität, schöpferisches Genie und grenzenlose Einbildungskraft werden zu den bestimmenden Prinzipien. Die Natur wird zum Sinnbild allen Lebens, sie liegt, und so der Mensch, in Gottes Hand. Nach einer Zeit der Religionskritik ist die Romantik geprägt durch tiefe spirituelle Religiosität.

Nach der Französischen Revolution Aufbruchstimmung auch in den deutschen Fürstentümern, liberale, deutschnationale Strömungen werden hier allerdings zurückgedrängt, Zeit der Restauration, 1830: Juli-Revolution in Paris, erneut Unruhen in ganz Europa.

Arbeitsblatt 11 c   Vergleichende Analyse
(S. 74)

Die Einordnung der Gedichte von Kiwus und Mörike in ihren jeweiligen epochalen Zusammenhang wurde bereits in den Einzelanalysen deutlich. Daher sollen hier nur Beispiele für eine zusammenfassende Gegenüberstellung aufgezeigt werden, die dann mit den epochalen Besonderheiten in Verbindung gebracht werden sollen.

Zum Gedicht „Ach Liebste, lass uns eilen" von Martin Opitz:

– Gestaltet in einheitlicher Form: alternierende dreijambige und zweijambige Verse im Kreuzreim (Unterstützung der Eile)
– Dreiteilige Struktur des Gedichtes: Anrede und Aufforderung, die Zeit zu nutzen (Verse 1–4)
– Beschreibung des Verfalls durch Altern, Vanitas-Gedanke (Verse 5 – 16)
– Appell, die Gegenwart und die Liebe zu genießen (Carpe Diem)

– Lyrisches Ich und die Angesprochene bleiben ohne persönliche Konturen, die Aussage gewinnt so Allgemeingültigkeit.
– Die scheinbar widersprüchliche Verwendung der Begriffe ‚eilen' und ‚Zeit' löst sich auf in dem Verständnis von ‚es ist an der Zeit', sie sollte als Gelegenheit genutzt werden.
– Beschreibung der Körperteile als Darstellung der Vergänglichkeit
– Antithetischer Aufbau der Verse, Beschreibung in der Tradition des Petrarkismus
– Klimax des Verfalls mündet in „Und du wirst alt" als Ende des zweiten Teils.
– Dritter Teil enthält Schlussfolgerung (Drum ...), die zum Genuss des Tages und der Liebe aufruft; die Metaphern „Jugend Frucht" und „Jahre Flucht" unterstützen den dringenden Charakter des Appells; die Aufforderung des lyrischen Ichs an die Liebste, es zu lieben, wird verstärkt durch

die zusammenfassende Aussage, dass beide das verlieren, was die „Liebste" ihm geben soll: „Der Jugend Frucht".

Vergleich: Ach Liebste, lass uns eilen – Fragile

- Vergänglichkeit und Tod als Motivation, den Tag zu leben und zu lieben, vs. Identitätssuche und Selbstbestimmung
- Die Angesprochene als Teil einer Allgemeinheit – der Angesprochene als subjektives Gegenüber
- Vergänglichkeit des Körpers vs. Vergänglichkeit der Liebe, des Gefühls
- Allgemeingültigkeitscharakter der Darstellung vs. Individualität von Gefühl und Wahrnehmung
- Strikte Formeinhaltung vs. Auflösung der Form
- Dialogischer Charakter vs. monologischer Charakter
- Vereinigung und Interessengleichheit vs. Unterschiedliches und Trennendes
- Männerperspektive vs. Frauenperspektive
- Interessanter Gedanke: Könnte das lyrische Ich aus „Fragile" die „Liebste" sein?

Vergleich : Ach Liebste, lass uns eilen – An die Geliebte

- Vergänglichkeit und Tod als Motivation, den Tag zu leben und zu lieben, vs. Glaube und Liebe zu Gott als Antwort auf weltliche Vergänglichkeit der Liebe
- Die Angesprochene als Teil einer Allgemeinheit – die Angesprochene als in religiöse Sphären erhöhtes Wesen
- Aufforderung zum Genuss der Liebe hier und jetzt vs. Verwirrung durch weltliche Liebesgefühle und Abkehr ins Spirituelle
- Aufforderung vs. Anbetung
- körperlicher Verfall vs. ewige Schönheit

2. Element: Lyrik – kreativ – interaktiv

Arbeitsblatt 12 (S. 78) Liebeslyrik kreativ

Dieses Element ist als Wahlaufgabe gedacht, also optional, je nach der zur Verfügung stehenden Zeit und nach kreativem Potenzial des Kurses. Die Aufgabe bietet sich als epochenübergreifende lyrische Kommunikation zum inhaltlichen Abschluss der Reihe an. Inhaltlicher Schwerpunkt ist die Thematik ‚Liebe', methodisch stehen Produktionsorientierung, Kreativität und Interaktion im Mittelpunkt.
Der zeitliche Rahmen beträgt eine Doppelstunde. Die Basis für die Bearbeitung der Aufgabe bildet die vorausgegangene Vergleichsanalyse der drei Liebesgedichte: Martin Opitz: Ach Liebste, lass uns eilen (1624), Eduard Mörike: An die Geliebte (1830), Karin Kiwus: Fragile (1979). Die vergleichende Analyse wird erweitert durch eine kreative Auseinandersetzung mit den bereits bearbeiteten Gedichten, durch die Produktion einer neuen, individuellen Textgestalt und Textaussage und durch die interaktive Reflexion ausgewählter Ergebnisse.

Mit einem Feedback zur Lernerfahrung und zur Methode und mit der Präsentation aller Produkte z. B. als Wandgalerie kann dieses Element die Unterrichtsphase und -reihe inhaltlich abschließen, sodass nur noch der Rückbezug auf die Ausgangsfrage und die Präsentation der Portfolios offen bleibt.

Die erste Aufgabe (individuelle Textgestaltung) sollte in **Einzelarbeit** als Hausaufgabe erfolgen. Das Textergebnis soll in Schriftgröße 14 auf dem PC geschrieben als (zweifacher) Ausdruck vorliegen. Das ist für den folgenden Arbeitsschritt wichtig.
Mit Beginn der Doppelstunde bilden die Schüler/innen 4er-/5er-**Gruppen.** Wir schlagen vor, das Arbeitsblatt an den markierten Stellen zu trennen und stufenweise zu präsentieren, sodass die Schülerinnen sich besser auf den jeweils angegebenen Schritt konzentrieren können und

eine gewisse Spannung über den weiteren Verlauf erhalten bleibt.

Im Hinblick auf den inhaltlichen Schwerpunkt „Liebe" sollte bei der Gruppenfindung der Gender-Aspekt berücksichtigt und auf eine möglichst ausgewogene Aufteilung der weiblichen und männlichen Kursteilnehmer geachtet werden.

Jede Gruppe bildet ihren Gruppentisch, erhält ein Plakat (Flipchartpapier) und Stifte. Das Plakat ist nach der Methode „Platzdeckchen" vorbereitet: Die Mitte bildet ein Rechteck im DIN-A4-Format. Von den vier Ecken des Rechtecks führt jeweils eine Linie zu der äußeren Ecke des Plakats, wodurch vier äußere Felder entstehen. Im Sinne der gegenseitigen Wertschätzung sollte vor Beginn der Arbeitsphase der Hinweis erfolgen, dass am Schluss alle Texte im Kursraum oder an einer öffentlichen Wand im Schulgebäude präsentiert werden.

Die Zeitwächterfunktion sollte in dieser und in den folgenden Arbeitsphasen von der Kursleitung übernommen werden, damit jedes Gruppenmitglied sich gleichermaßen auf das aktive Zuhören oder Schreiben konzentrieren kann. Ein akustisches Signal wäre hier sinnvoll.

Je nach Raumgegebenheit könnten die Plakate mit dem Gedicht im Kursraum verteilt aufgehängt werden. Der nun folgende Austausch mit den Autoren der neu entstandenen Gedichte könnte an dieser Präsentationsfläche stattfinden oder aber an den jeweiligen Tischgruppen. Die Autorinnen und Autoren der ausgewählten lyrischen Texte gehen jeweils zu der Gruppe, die ihren/seinen Text besprochen hat.

An dieser Stelle wäre es auch denkbar, dass die Präsentationsphase in Form einer Lesung aller vier Texte mit anschließender Rückmeldung vor dem gesamten Kurs stattfindet. Dagegen spricht jedoch der wesentlich höhere zeitliche Aufwand und die geringere Intimität und Intensität für die jeweilige Präsentation.

Zum Einstieg in den gemeinsamen Austausch und als Würdigung von Text und Autor bekommen jeweils die Verfasserinnen des Gedichts das erste Wort, indem sie gebeten werden, den Text im Gruppenrahmen vorzutragen. Anschließend geben die Gruppenmitglieder ihnen ihre erarbeitete Rückmeldung.

Nach dieser Phase kommt der gesamte Kurs zu einem abschließenden Erfahrungsaustausch zusammen.

Als Alternative könnten die Schülerinnen den Auftrag erhalten, ihre Erfahrungen mit dieser Form der literarischen Kommunikation in einem Abschlussbericht festzuhalten, der dann auch dem **Portfolio** beigefügt wird.

Arbeitsblatt 13 Zur Aktualität des barocken Lebensgefühls (Aufgabenstellung)

Ziel dieser Unterrichtseinheit ist, dass Sie aus dem Ihnen vorliegenden Material (Arbeitsblätter 13 a, 13 b und 13 c) eine individuelle Fragestellung entwickeln und dazu eine textbezogene Erörterung schreiben, in der Sie das bearbeitete Material konkret in Ihre Argumentationsstruktur einbauen (Mindestlänge zwei Seiten/gedruckt/Schriftgröße 12). Gehen Sie wie folgt vor:

Gruppenarbeit:
Bilden Sie Dreier- oder Vierergruppen. Lesen Sie das beigefügte Arbeitsmaterial und tauschen Sie sich innerhalb der Gruppe aus. Klären Sie inhaltliche Fragen und Unklarheiten.

Einzelarbeit:
Entwickeln Sie aus dem Material eine individuelle Fragestellung oder These, die Sie persönlich interessiert und über die Sie die Erörterung schreiben wollen. Formulieren Sie dies in Form einer Überschrift.
Schreiben Sie Ihre Überschrift auf eine Karteikarte und hängen Sie sie an den Ihnen genannten Ort. Lesen Sie sich alle Überschriften durch. (Finden Sie eine, die Sie mehr interessiert als Ihre eigene oder bleiben Sie bei der von Ihnen entwickelten?)

Einzelarbeit/Hausarbeit:
*Schreiben Sie nun zu dem von Ihnen gewählten Thema die Erörterung. In Ihrer Erörterung muss erkennbar werden, dass Sie grundlegende Aussagen und Fragestellungen der jeweiligen Materialien herausgearbeitet haben und wie Sie diese für Ihre Argumentation heranziehen. Erstellen Sie eine Gliederung/eine Argumentationsstruktur, wählen Sie sich aus dem Material Zitate aus, die Ihre Argumente stützen oder die eine Aussage treffen, die Sie widerlegen wollen. (Achten Sie auf die formalen Regeln des Zitierens.) Sie können auch weitere, selbst recherchierte Texte und Materialien hinzuziehen. Die drei vorliegenden **müssen** Eingang in Ihren Text finden.*

– – – – – – – – – – – – – –

Rückmeldung/Plenum:
Schreiben Sie das Thema Ihrer Erörterung auf eine Karteikarte und hängen Sie diese an den Ihnen genannten Ort. Lesen Sie alle Themen und wählen Sie eines aus, das Sie besonders interessiert (selbstverständlich schließt sich hier die eigene Arbeit aus). Sie erhalten nun den Rückmeldebogen 4.

Einzelarbeit/Hausarbeit:
Lesen Sie die Arbeit Ihres Mitschülers/Ihrer Mitschülerin und formulieren Sie Ihre Rückmeldung.

Partnerarbeit:
Setzen Sie sich mit der Autorin/dem Autor zusammen und teilen Sie ihr/ihm Ihre Ergebnisse mit, klären Sie offene Fragen (ca. 10 Minuten pro Rückmeldung, so dass in einer Unterrichtsstunde alle Arbeiten besprochen werden können).

Fügen Sie Ihre Erörterung und den Rückmeldebogen 4 zu Ihrer Arbeit dem *Portfolio* bei.

Arbeitsblatt 13 a   Damien Hirsts Glitzerschädel

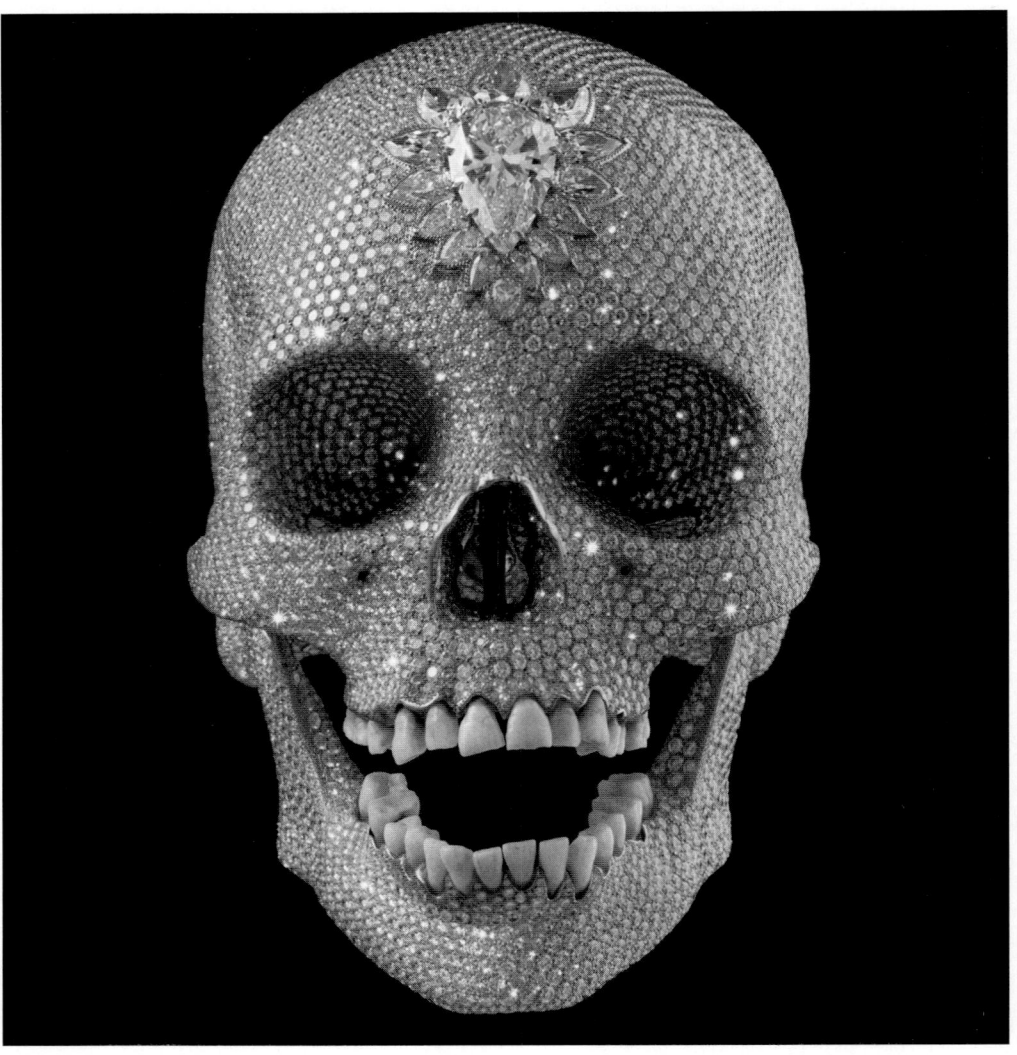

In einem schwarz verhangenen Raum der Londoner Galerie White Cube, hinter Panzer-
glas, starrt es aus toten, glitzernden Augenhöhlen: das teuerste zeitgenössische Kunstwerk
der Welt. Tod und Luxus gehen in ihm eine prekäre Verbindung ein – gleichzeitig erinnert
es an mittelalterliche Reliquien. „For the Love of God" heißt Damien Hirsts Schöpfung. Er
5 möchte 75 Millionen Euro dafür haben. Allein der Materialwert des diamantenbesetzten
Platin-Abgusses eines menschlichen Schädels – die Vorlage stammt vermutlich von einem
Mann aus dem 18. Jahrhundert – beträgt 18 Millionen Euro. Die 8 601 makellosen Dia-
manten, die das Werk überziehen, wiegen insgesamt 1106,18 Karat. Ganz gleich, ob man
den Schädel nun als Memento Mori versteht oder als etwas, „das erhebend ist und zu-
10 gleich den Atem verschlägt", wie Hirst selbst hofft: „For the Love of God" ist ein Exzess der
materiellen Machbarkeit, zugleich aber eine konsequente Fortführung der Selbstvermarktung des Künstlers. Mehrere Sammler haben bereits Interesse angemeldet.   mea

Aus: Süddeutsche Zeitung vom 2./3. Juni 2007

Arbeitsblatt 13 b   Der Glanz und der Tod

Was ist die Welt? Die Welt und „ihre ganze Pracht" ist nur „ein schnöder Schein", ein „schneller Blitz bei schwarzgewölkter Nacht". Was ist der Mensch? „Ein Wohnhaus grimmer Schmerzen", ein „Irrlicht dieser Zeit", ein „Schauplatz herber Angst besetzt mit scharfem Leid". Was bleibt von Welt und Mensch? Ein einziges „Vergehn, wie Rauch von
5 starken Winden". Wuchtige Verse, geschrieben vor einer kleinen Ewigkeit, vor 350 Jahren, und doch uns Heutigen so nah wie die kalte Märzluft oder das blutende Jesus-Fleisch im neuen Film von Mel Gibson. Ihre Autoren: Christian Hofmann von Hofmannswaldau (1617 bis 1679) und Andreas Gryphius (1616 bis 1664). Gryphius ist nicht nur der bedeutendste deutsche Barock-Dichter. Er ist auch, wie Michael Krüger, 60, Lyriker und Chef des
10 Münchner Hanser-Verlags, kürzlich in einer Gedichtinterpretation für die „Frankfurter Anthologie" der „FAZ" festgestellt hat, „der Dichter der Stunde". [...]
Der protestantische schlesische Pfarrerssohn Gryphius steht für die barocke Vergänglichkeitsklage „Es ist alles eitel" – unter diesem programmatischen Titel dichtete er Hammerzeilen wie: „Was itzt so pocht und trotzt, ist morgen Asch und Bein." Der katholische Pa-
15 trizierspross Rubens dagegen ist ein Prahlhans sinnlicher Prachtentfaltung – schnaubende, steigende Rösser, üppige, hinschmelzende Weiberleiber, wimmelndes Schlachtengetümmel, Löwenjagd, Festschmaus, Frauenraub, Venusgier, dargeboten im Stil eines fantastisch bewegten Illusionismus vor theatralischen Landschafts- oder Palastprospekten, oft mit dynamisch verwirbelten Spiral- oder dramatisch kippenden Diagonalkompositionen.
20 Beide Gesichter der barocken Kultur muten erstaunlich gegenwärtig an: Auch wir kennen die angstvolle Ahnung weltumspannender Nichtigkeit und Flüchtigkeit, grundiert von akuter Wirtschaftskrise, nicht enden wollenden Selbstmordattentaten, religiösen Zweifeln, drohenden Klimakatastrophen und den durch zahlreiche Publikationen aktualisierten Erinnerungen an die tödlichen Materialschlachten des 20. Jahrhunderts; und zugleich
25 ist uns jene – auch medienbedingte – Ich-Schwäche vertraut, die hektisch Zuflucht sucht bei der penetrantesten Schönheits- und Körperobsession aller möglichen Porno-, Sex- und Wellness-Varianten.
Der Glanz und der Tod, das große Festmahl mit Musik und Tanz und darüber die alles Irdische zermalmende Ewigkeit – gewiss kein Gegensatzpaar, das im 17. Jahrhundert er-
30 funden worden wäre. Aber die unvermittelte, heftige, jähe Art zu erleben, in der dieses Widerspiel von Schönheit und Vergänglichkeit immer wieder ein paradoxes, extremes Lebensbild der Zerrissenheit inszeniert, etwa in jeder zweiten Tageszeitung – das verbindet durchaus unsere Tage mit dem Zeitalter des Dreißigjährigen Krieges und des höfischen „Larvenspiels" (Johann Christian Günther) und öffnet selbst die film- und fernseh-
35 strapazierten Augen unserer Zeitgenossen barockem Zeitempfinden. Jedenfalls wurden die Bilder, Verse und Klänge des 17. und frühen 18. Jahrhunderts lange nicht mehr so begierig wahrgenommen wie in jüngster Zeit. [...]
„Barock ist mehrheitsfähig", meint Regisseur Ulrich Peters, 48, der frühere Leiter des erfolgreichen Händel-Programms in Karlsruhe. Oberflächlich, bizarr, schwülstig, pathetisch
40 und pompös? Was stört das, wenn es nur ordentlich Spaß macht, die Lebenslust stärkt und vom heulenden Elend der stündlichen Fernseh-Massaker ablenkt?
Aus: DER SPIEGEL Nr. 11/2004

Arbeitsblatt 13 c   Die Erlebnisgesellschaft

Spaßgesellschaft, Freizeitgesellschaft, Risikogesellschaft, Informationsgesellschaft, das alles sind Begriffe und Konzepte, die die post-industrielle Dienstleistungsgesellschaft zu Beginn des 21. Jahrhunderts zu beschreiben versuchen.

Der Soziologe Gerhard Schulze fügt mit der Bezeichnung ‚Erlebnisgesellschaft' einen weiteren hinzu. Nach Schulze ist die moderne Gesellschaft westlicher Prägung nicht mehr hauptsächlich von Problemen der Knappheit oder von Überlebensstrategien gekennzeichnet, sondern sie ist geprägt von Problemen des Überflusses und Erlebens. Ziel und Problem des Individuums in dieser Gesellschaft ist es, einen eigenen Weg zu finden, das Leben als lohnend und erfüllend zu empfinden. Dabei spielt das direkte Glücksmoment die entscheidende Rolle.

Die Erlebnisgesellschaft ist eine Formel, die leicht missverstanden werden kann. Wenn wir Soziologen eine Gesellschaft als diese oder jene bezeichnen, beschreiben wir die Veränderung von Mischungsverhältnissen. Ich konnte über fünf Jahrzehnte an solchen Veränderungen in Deutschland als Beobachter teilnehmen. Mir fiel auf, dass ein bestimmtes
5 Grundmotiv der Glückssuche immer blasser wurde und ein anderes sich immer stärker in den Vordergrund schob. In den 60er-Jahren definierten wir Glück noch als etwas Äußerliches, Materielles. Haus, Auto, Geld. Inzwischen ist der Fokus unserer Zieldefinition von außen nach innen gewandert. [...]
Solange ich mit harten Überlebensproblemen befasst bin, kann ich mir keinen metaphy-
10 sischen Luxus leisten. Wenn diese Probleme halbwegs gelöst sind und ich davon ausgehe, dass ich die mir biologisch zugemessene Lebensspanne durchleben kann, lande ich bei der Frage: Was will ich eigentlich auf dieser Welt? Wenn ich auf eine Religion zurückgreifen kann, ist das psychisch außerordentlich komfortabel. Finde ich diese persönliche Gottesvorstellung nicht, die mir den Sinn des Lebens von außen besorgt, bleibt nichts anderes
15 übrig, als das zu tun, was Michel de Montaigne geraten hat: als Körper und Bewusstsein zu versuchen, sich ein schönes Leben zu machen. Der Religionsverlust ist ein Grundmotiv, das den Wandel zur Erlebnisgesellschaft befördert hat. Der Wunsch, dem Leben durch Erleben einen Sinn zu geben, ist eine notwendige Konsequenz, wenn der Mensch selbst sowohl die Sinngebungsinstanz als auch das Medium des Lebenssinnes ist. [...]
20 Es genügt uns nicht mehr, zu haben, was wir wollen. Wir wollen etwas Bestimmtes sein.
Gerhard Schulze, in: PSYCHOLOGIE heute, Februar 1999, S. 28 f.

[...] Erlebnisorientierung ist die unmittelbarste Form der Suche nach Glück. Als Handlungstypus entgegengesetzt ist das Handlungsmuster der aufgeschobenen Befriedigung, kennzeichnend etwa für das Sparen, das langfristige Liebeswerben, den zähen politischen Kampf, für vorbeugendes Verhalten aller Art, für hartes Training, für ein arbeitsreiches
25 Leben, für Entsagung und Askese. Bei Handlungen dieses Typs wird die Glückshoffnung in eine ferne Zukunft projiziert, beim erlebnisorientierten Handeln richtet sich der Anspruch ohne Zeitverzögerung auf die aktuelle Handlungssituation.
Man investiert Geld, Zeit, Aktivität und erwartet fast im selben Moment den Gegenwert. Mit dem Projekt, etwas zu erleben, stellt sich der Mensch allerdings eine Aufgabe, an der
30 er leicht scheitern kann, und dies umso mehr, je intensiver er sich diesem Projekt widmet und je mehr er damit den Sinn seines Lebens überhaupt verbindet.
Gerhard Schulze, Erlebnisgesellschaft, Campus, Frankfurt a. M./New York 2000, S. 14

Rückmeldebogen 4   Erörterung

für: _____ von: _____ Datum:

Kriterien	Bewertungsstufen (bitte mit stichwortartigen Anmerkungen)		
	sehr gut gelungen	im mittleren Bereich	wenig/kaum gelungen
Qualität der Ausgangsfrage/ -these			
Erarbeitung der wesentlichen Informationen der vorgegebenen Materialien			
Verwendung und gezielte Auswertung der Informationen für den eigenen Argumentationsgang			
Argumentativer Aufbau der Erörterung			
Sprachliche und formale Richtigkeit und Differenziertheit			
Erkennbarer Bezug zur eigenen Person und Lebenswelt			
Bezug zur Ausgangsfrage bzw. These			

Rückmeldebogen 5

Präsentation und Auswertung der Portfoliomappen

von MitschülerIn: _____ Datum:

Kriterien	Bewertungsstufen (und Raum für Kommentierung)[1]		
	MitschülerIn	**Selbstreflexion**	**LehrerIn**
Die Pflichtaufgaben sind vollständig erarbeitet.			
Die inhaltliche Erarbeitung ist differenziert und fundiert.			
Formaler Aufbau und visuelle Gestaltungen (Mindmaps, Schaubilder, etc.) vermitteln komplexe Zusammenhänge sinnvoll.			
Persönliche Auseinandersetzung und selbständiges Arbeiten ist erkennbar.			
Sprachliche Darstellung (Rechtschreibung, Zeichensetzung, Satzbau)			
Zusätzliche Eigenleistungen sind vorhanden.			
Das Portfolio dokumentiert Kreativität, Problembewusstsein, inhaltliche und methodische Kompetenzen			
Sonstige Bemerkungen (z. B.: eine besondere Wertschätzung ...):			

[1] Bewertungsstufen: 3 = niedrigste Wertung 2 = mittlere Wertung 1 = höchste Wertung

Abschluss-reflexion

Zielscheibe des individuellen Lernerfolgs

Schätzen Sie Ihren individuellen Lernerfolg ein und kreuzen Sie Ihrer Einschätzung entsprechend das zutreffende Feld der Zielscheibe an.
(pro Feld nur ein Kreuz; 1 = höchste Wertung, 5 = niedrigste Wertung)

Die Felder sind folgenden Bereichen zugeordnet:

A: **inhaltlich-fachlich:** *Durchdringung des Themas, z. B. im Hinblick auf die Abiturvorbereitung*

B: **methodisch und organisatorisch:** *Kenntnisse und Anwendung verschiedener Präsentationsformen, Arbeitsgestaltung, Arbeitsplanung, Arbeitsdisziplin*

C: **sozial und kommunikativ:** *sinnvolle Verbindung von Einzelarbeit und Gruppenarbeit, Selbstverantwortung und Teamfähigkeit, Verbindlichkeit, Konfliktlösung, Wertschätzung*

D: **persönlich:** *Selbstvertrauen, (Selbst-)Kritikfähigkeit, Entwicklung bzw. Erweiterung von Einsichten, Werthaltungen, Fähigkeiten, die für das eigene Leben eine Rolle spielen*

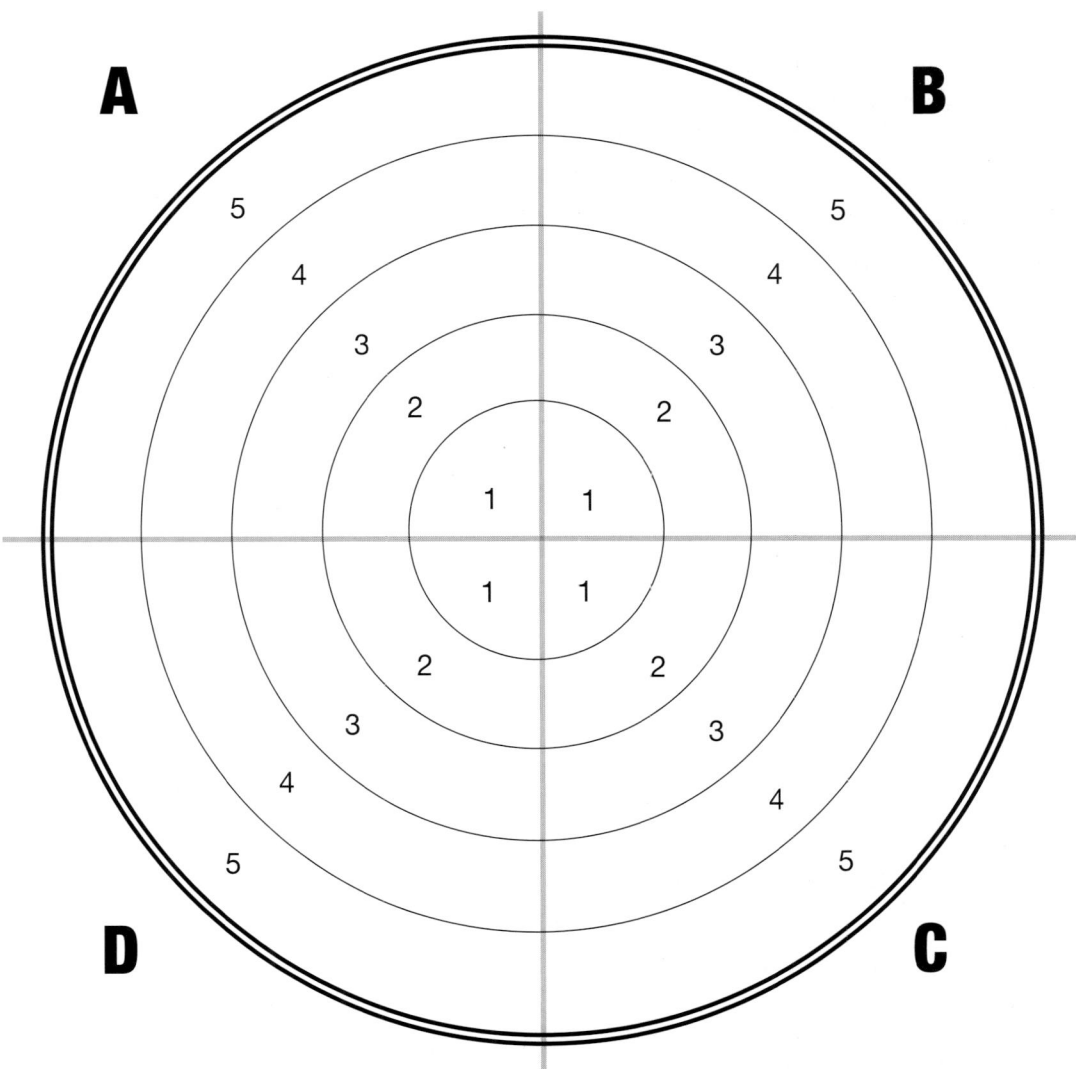

Lehrerhinweise zu Phase V

1. Element: Zur Aktualität barocken Lebensgefühls

In diesem Element sollen die Schüler/innen aus dem ihnen vorliegenden Sekundärmaterial eine eigene Fragestellung entwickeln und davon ausgehend eine Erörterung schreiben (s. **Arbeitsblatt 13**, S. 83 Aufgabenstellung). Diese Aufgabenstellung ist ebenso wie Interpretation und Analyse eine mögliche Themenstellung für das Zentralabitur (argumentative Entfaltung eines fachspezifischen Sachverhalts bzw. Problems oder eines Problems, dessen fachlicher Hintergrund aus dem Unterricht bekannt ist, im Anschluss an eine Textvorlage).

Alle drei Materialien behandeln das Thema: Aktualität des barocken Lebensgefühls.

Hinweise zur Durchführung:

Dieses Element ist fächer- und themenübergreifend angelegt. Es wäre durchaus denkbar, es als Übergang zum Thema „Medienkritik" zu nutzen, ebenfalls ein Pflichtthema im Leistungskurs Deutsch. Im Mittelpunkt des selbstgesteuerten Lernens steht hier die Herausforderung an den Schüler/die Schülerin, aus vorgegebenem Sekundärmaterial und geleitet von eigenem Interesse eine individuelle Fragestellung herauszufiltern, diese unter Berücksichtigung wissenschaftspropädeutischer Vorgaben zu bearbeiten, zu präsentieren und sich mit anderen darüber auszutauschen. Für die ersten beiden Schritte sollte eine Doppelstunde eingeplant werden. Die Sichtung des Materials, die Besprechung desselben, die Entwicklung einer eigenen Fragestellung sollten im Austausch mit MitschülerInnen in 90 Minuten machbar sein. Dann sollte die Erörterung selbst als Hausaufgabe gestellt werden. Hier sollte man darauf achten, dass den SchülerInnen genügend Zeit zur Verfügung steht, da sie ja auch dazu angehalten sind, weiteres Material zu recherchieren.

Nach Fertigstellung der Erörterungen wird eine Einzelstunde genügen, um die Überschriften zu präsentieren, die Verteilung für die Rückmeldung zu organisieren und die Rückmeldebögen (**Rückmeldebogen 4: Erörterung** S. 87) auszuteilen. Die ausführliche Lese- und Rückmeldearbeit findet dann in Stillarbeit bzw. als Hausaufgabe statt. Die zeitlichen Vorgaben für den Austausch der Rückmeldungen in der Abschlussstunde sind vor Ort zu treffen.

Ausgewählte Arbeiten könnten im Anschluss präsentiert werden.

Arbeitsblatt 13 a (S. 84)   Damien Hirsts Glitzerschädel

Bei „Damien Hirsts Glitzerschädel" weist sowohl das Bild als auch der Text direkt auf das Memento Mori-Motiv des Barock hin. Tod und Luxus werden hier in einer „prekären Verbindung" gesehen, die als Tod und Lebensgenuss auch als „sich ergänzendes Gegensatzpaar" in vielen der besprochenen Barocktexte präsent war. Es liegt also nahe, dieses Kunstwerk als ein Werk des Barock zu interpretieren. Doch könnte „For the love of God" im 17. Jahrhundert entstanden sein? Eine von mehreren möglichen Fragestellungen, die die SchülerInnen entwickeln könnten.

Vieles spricht dagegen: Das Werk weist zwar auf den Tod hin, aber nicht auf Vergänglichkeit, denn der Luxus soll ewig sein, Ausdruck individueller Selbstvermarktung, „Exzess materieller Machbarkeit". Diese Aspekte lassen an der Barockzuordnung zweifeln und weisen vielmehr auf Individualität, Materialismus oder Kunstmarktgebaren hin, Zuordnungen, die eher für das 20. und 21. Jahrhundert sprechen als für das 17. Auch der Titel „For the Love of God" stiftet in diesem Zusammenhang eher Verwirrung, denn es ist nicht der Mensch, der Gott seine Liebe mitteilt und ihn preist, es ist ein Werk, das wie eine Opfergabe Gottes Liebe beschwört.

Arbeitsblatt 13 b (S. 85)   Der Glanz und der Tod

Der Auszug aus dem Spiegel-Artikel „Der Glanz und der Tod" (2004) weist ebenso auf die Aktualität des barocken Lebensgefühls hin. Die Autoren sehen in allen Bereichen des kulturellen und philosophischen Lebens Attribute, die auch auf das Zeitalter des Barock zu beziehen sind. Die Kriterien der Spaßgesellschaft, einer Bezeichnung, die zu dieser Zeit als soziologische Beschreibung der Gegenwartsgesellschaft durch alle Medien geisterte, werden in

90

direkter Übereinstimmung mit den Werten und dem Lebensgefühl des Barock gesehen. Dabei steht die Antithetik als Grundlage des Lebens im Zentrum, eben „der Glanz und der Tod", die Vergänglichkeit und die Prunksucht, Krisenbewusstsein und Vergnügungswut. Doch lassen die Ausführungen auch Fragen offen. Welche Bedeutung hat die Todesmetapher ohne die direkte Bedrohung durch Krieg, Hunger oder Seuchen? Medial erlebtes Schicksal?

Welche Rolle spielt der Glaube, die Religion, die Kirche in diesem Wertesystem? Kann man in einem Zeitalter fortgeschrittener Individualisierung noch so allgemeingültige „Wahrheiten" über Mensch und Welt formulieren, wie sie in den Versen von Gryphius deutlich werden? Könnte man im Umkehrschluss die Gesellschaft im Europa des 17. Jahrhunderts als Spaßgesellschaft bezeichnen?

Arbeitsblatt 13 c   Die Erlebnisgesellschaft
(S. 86)

Auf diese im Text 13 b zuletzt gestellte Frage gehen die Ausführungen von Gerhard Schulze zur „Erlebnisgesellschaft" direkt ein. Wie unterscheiden sich die Motive der Glücksuchenden in verschiedenen Gesellschaftsformen? „Solange ich mit harten Überlebensproblemen befasst bin, kann ich mir keinen metaphysischen Luxus leisten" (Z. 9 f.), und solange ich nicht weiß, ob ich morgen noch lebe, muss ich das, was ich tun will, heute tun. Erlebnisorientierung ist nach Schulze „die unmittelbarste Form der Suche nach Glück." (Z. 21) Eine Gefahr sieht Schulze allerdings darin, wenn der Mensch das ‚Erlebenwollen' zum Sinn des Lebens erhöht. Könnte man dies als Carpe Diem unter Ausblendung des Memento Mori-Motivs verstehen? Als Überhöhung des individuellen Kicks zum Hauptmotiv des menschlichen Seins? In seinem Hinweis auf den Religionsverlust (Z. 12 ff.) liefert Schulze einen aussagekräftigen und für die SchülerInnen ausbaufähigen Beleg für den Unterschied von Barock und Postmoderne.

2. Element: Reihenauswertung

Rückbezug auf Einstiegserwartungen: In der Einstiegsphase in die Reihe Barocklyrik hatten die SchülerInnen die Aufgabe, ihre Lernerwartungen in Form von Fragen zu formulieren. Hier ist nun die Gelegenheit, auf diese Fragen einzugehen. Wie ausführlich und in welcher Form dies geschehen soll, bleibt der Kursleitung überlassen.

Auswertung der Portfoliomappen
(Rückmeldebogen 5, S. 88):

1. SchülerInnen erhalten Rückmeldebogen 5
2. Präsentation der Mappen im Plenum
3. Partnerfeedback
4. Selbstreflexion
5. Rückmeldung durch Kursleitung

Der Ablauf ist im Abschnitt ‚Leistungsbewertung: Beteiligung und Transparenz" auf S. 8 ausführlich beschrieben.

Zielscheibe des individuellen Lernerfolgs (S. 89):

Zum Abschluss der Unterrichtsreihe sollen die SchülerInnen ihre eigenen Lernerfahrungen reflektieren. Dazu dient die „Zielscheibe des individuellen Lernerfolgs". Wir schlagen vor, das Blatt mit der Zielscheibe auszuteilen und von den SchülerInnen ausfüllen zu lassen. Ein Schüler/eine Schülerin oder ein Team sollte dann die ausgefüllten „Zielscheiben" einsammeln, auswerten und das Gesamtergebnis auf eine **Zielscheibe in Plakatformat** übertragen. Dieses wird im Kursraum aufgehängt und bei Bedarf thematisiert.

Vorschläge für optionale individuelle Arbeitsbereiche

Bei diesen Vorschlägen handelt es sich um recht allgemein gehaltene Oberthemen. Die genaue Formulierung der Arbeitstitel bleibt der Absprache mit den SchülerInnen vorbehalten. Die Kursleitung sollte aber genaue Vereinbarungen treffen über den zeitlichen Rahmen, eventuelle Präsentationen und Dokumentation im Portfolio.
Die Themenvorschläge können auch Impulse für Facharbeiten sein.

1. Der Roman von Hans Jacob von Grimmelshausen „Simplizissimus" (Inhaltsangabe oder/und spezielle Fragestellungen)

2. Die Erzählung „Das Treffen in Teltge" von Günter Grass

3. Eigene Gedichtproduktion nach vorgegebenem poetischem Muster, z.B. „Was ist die Welt?"

4. „Die Stadt Münster zur Zeit des Dreißigjährigen Krieges"
Spuren des Dreißigjährigen Krieges in unserer Stadt/Gemeinde (oder in einer anderen Stadt)

5. Hexenprozesse – ein spezieller Fall, ein Unterthema etc.

6. (Einzel- oder Gruppenauftrag) Praktisches Vorhaben für Musiker im Kurs
Einführung und Präsentation eines barocken Musikstückes (Einführung und Erfahrungsbericht ins Portfolio)

7. (Gruppenauftrag) Veranstaltung an der Schule zum Themenbereich Aktualität barocken Lebensgefühls (Motto BaRock'n Roll?)
Ausstellung, Lesung, Musik (Dokumentation ins Portfolio)

8. Künstlerporträts des Barock – Maler – Musiker – Architekten

9. Das Menuett – ein Tanz des Barock (Theorie und/oder Praxis)

10. Mode des 17. Jahrhunderts

11. Das Leben am Hof/auf dem Lande

12. Alltagskultur in der Barockzeit/Essen und Trinken/Wohnen/Stadt und Land/Volkslieder

13. „Welttheater": Eine barocke Theatertradition in Einsiedeln (Schweiz) (Geschichte/Stückinhalt/eine Inszenierung)

Klausur

Allgemeines zum Thema „Klausur"

Es werden im Folgenden zwei Klausurvorschläge vorgestellt, die an die Themenstellungen des Zentralabiturs für das Land NRW angelehnt sind. Bei den Klausurvorschlägen im Bereich literarische Texte sind drei Aufgabenstellungen möglich:

– Analyse eines literarischen Textes mit weiterführendem Schreibauftrag (IIA)
– Analyse eines literarischen Textes mit weiterführendem, produktionsorientiertem Schreibauftrag (IIB)
– Vergleichende Analyse von literarischen Texten (IIC)

Beim Aufgabenbereich IIA sollen sich die Schülerinnen und Schüler nach der eigentlichen Textanalyse noch mit einem weiteren Aspekt aus dem Themenbereich beschäftigen. Dazu kann auf das Vorwissen aus dem Unterricht zurückgegriffen werden. Es kann aber auch ein unbekannter Text vorgelegt werden, der zusammenzufassen und an den analysierten Text weiterführend anzulegen ist. Die weiterführende Leistung besteht darin, erarbeitete Erkenntnisse in einen breiteren Zusammenhang einzuordnen oder Erkenntnisse aus einer anderen Gattung (Sachtext, Theorietext) auf die erarbeitete Analyse zu beziehen. Der Aufgabenbereich IIB zielt auf einen weiterführenden Schreibauftrag unter produktionsorientiertem Aspekt. Hier sollen die Schülerinnen und Schüler im Anschluss an die Analyse ihre Arbeitsergebnisse in kreativer Form umsetzen. Sie können eine Position einnehmen, die aus der Analyse des Textes heraus entsteht und sie mit den Erkenntnissen der Analyse kreativ, aber dennoch inhaltsbezogen umgehen lässt. Als Beispiele können hier genannt werden: Brief an das lyrische Ich zu einer bestimmten Position, Perspektivwechsel: Schreiben einer Gegenposition u. Ä.

Klausurbewertungen

Die Kriterien für die Bewertung der Klausuren sind in Anlehnung an die Kriterien des Ministeriums für Schule und Weiterbildung NRW, die im Mai 2006 für die Bewertung des Zentralabiturs den Lehrerinnen und Lehrer an die Hand gegeben wurden, gewählt. Auf eine genaue Punktverteilung soll an dieser Stelle verzichtet werden. Allerdings sollte berücksichtigt werden, dass bei den Aufgaben mit zwei Aufgabenstellungen die zweite Aufgabe mit ca. 1/3 der Gesamtpunktzahl bewertet wird. Die Darstellungsleistung (Aufbau, Sprachangemessenheit, Zitieren u. Ä.) beträgt, gerechnet auf die Gesamtpunktzahl, ca. 20 %.

Die hier vorgeschlagenen Klausuren sind den Aufgabentypen IIA und IIC zuzurechnen und bei beiden steht die Analyse des Gedichtes von Christian Hofmann von Hofmannswaldau „Vergänglichkeit der Schönheit" im Mittelpunkt.

Bei Klausur I handelt es sich um die Themenstellung des Zentralabiturs 2007 in NRW.

Klausur 1 und 2

Bewertungskriterien für die 1. Aufgabenstellung

Die Schülerin/der Schüler

– leitet fachgerecht in die Aufgabenstellung ein und gibt ein erstes Textverständnis (Deutungshypothese) wieder, unter Einbeziehung des Epochenhintergrundes.

– erkennt den traditionell gleichmäßigen formalen Aufbau des Gedichtes und identifiziert ihn als (epochentypisches) Sonett mit dem ihm eigenen Reimschema und Metrum (Alexandriner).
– beschreibt den Inhalt des Gedichtes: Hinweis des lyrischen Ichs auf die Vergänglichkeit der äußeren

93

Schönheit und Mahnung, sich an die Beständigkeit der inneren Werte zu halten.
- stellt den appellativen Charakter des Gedichtes heraus (Dialogcharakter).
- untersucht differenziert die semantische und syntaktische Struktur des Gedichtes: z. B. Antithetik; Reihung, Oxymoron (kalter Schnee), Hyperbel (des Goldes Glanz) ...

- geht näher auf die Bildsprache des Gedichtes ein (Petrarkismus).
- erläutert das epochenspezifische Frauenbild.
- untersucht das Gedicht, auch unter Beachtung der Abhängigkeiten von Form und Wirkung, als typisches Gedicht des Barock.
- erklärt bezogen auf das Gedicht die Motive „vanitas" und „memento mori".

Klausur 1

Bewertungskriterien für die 2. Aufgabenstellung

Die Schülerin/der Schüler
- benennt den thematischen Zusammenhang der beiden Gedichte (Motiv der Vergänglichkeit, Zeit, äußere Veränderungen).
- beschreibt auf inhaltlicher Ebene die konkrete Begegnung mit einer Frau im Gedicht Brechts vs. der Allgemeingültigkeit der Erfahrung im Barockgedicht.
- untersucht vergleichend die äußere Form und die sprachlich-stilistische Struktur des Gedichts (Sonett, Enjambements, unregelmäßiges Metrum, ...).
- erläutert vergleichend Frauenbild und Prägung des Vergänglichkeitsmotivs bei Brecht: Erkennen der

Vergänglichkeit, aber keine Moralisierung, konkrete Nutzung der Zeit und der Situation, nicht reden sondern handeln.
- erkennt die unterschiedliche Verarbeitung des memento mori-Motivs (religiös, natürlich vs. gesellschaftlich, rational).
- setzt sich mit der unterschiedlichen Haltung des jeweiligen lyrischen Ichs auseinander.
- setzt die barockspezifische Sichtweise der auf Diesseitigkeit und Lebensintensität bezogenen Brechts gegenüber.

Klausur 2

Bewertungskriterien für die 2. Aufgabenstellung

Die Schülerin/der Schüler
- gibt in eigenen Worten die Definition von Baumgarten wieder, Schönheit als Teil der Wahrnehmungswissenschaft, also rationalisiert und als Vollkommenheit der sinnlichen Erkenntnis.
- grenzt sie von dem Begriff Schönheit im Gedicht ab, äußere, wahrnehmbare Schönheit verfällt – vanitas, nur innere, sinnlich nicht wahrnehmbare Schönheit bleibt.
- erkennt hinter der Definition Baumgartens die Grundgedanken der Aufklärung (Rationalismus, Wissenschaftserkenntnis).

- erkennt, dass das Schöne als gut und wahr bezeichnet wird, im Gegensatz zur Vergänglichkeitsthese des Barock.
- erläutert Grundprinzipien des Barock und der Aufklärung und grenzt beide Epochen voneinander ab.
- stellt den Barock mit den Vorstellungen von memento mori, vanitas und carpe diem in Gegensatz zu der fortschrittsbewussten, wissenschaftsgläubigen und die menschliche Vernunft betonenden Aufklärung.

Klausur 1

Aufgabenstellung:

1. *Analysieren und interpretieren Sie das Gedicht „Vergänglichkeit der Schönheit" von Christian Hofmann von Hofmannswaldau unter Beachtung seiner Epochenzugehörigkeit.*

2. *Vergleichen Sie anschließend die Thematik des Gedichts und ihre Gestaltung mit Bertolt Brechts Gedicht „Entdeckung an einer jungen Frau".*

Christian Hofmann von Hoffmannswaldau

Vergänglichkeit der Schönheit (1695)

Es wird der bleiche Tod mit seiner kalten Hand
Dir endlich mit der Zeit um deine Brüste streichen,
Der liebliche Corall der Lippen wird verbleichen;
Der Schultern warmer Schnee wird werden kalter Sand,

5 Der Augen süßer Blitz[1], die Kräfte deiner Hand,
Für welchen solches fällt, die werden zeitlich[2] weichen,
Das Haar, das itzund kann des Goldes Glanz erreichen,
Tilgt endlich Tag und Jahr als ein gemeines[3] Band.

Der wohlgesetzte Fuß, die lieblichen Gebärden,
10 Die werden teils zu Staub, teils nichts und nichtig werden,
Denn[4] opfert keiner mehr der Gottheit deiner Pracht.

Dies und noch mehr als dies muss endlich untergehen.
Dein Herze kann allein zu aller Zeit bestehen,
Dieweil es die Natur aus Diamant gemacht.

Aus: Echtermeyer, Theodor/Benno von Wiese: Deutsche Gedichte. Von den Anfängen bis zur Gegenwart. Auswahl für Schulen. Das 20. Jahrhundert durchgesehen und bearbeitet von Elisabeth Katharina Paefgen, Cornelsen Verlag, Berlin 1993, S. 115

Bertolt Brecht

Entdeckung an einer jungen Frau (1925/26)

Des Morgens nüchterner Abschied, eine Frau
Kühl zwischen Tür und Angel, kühl besehn
Da sah ich: eine Strähn in ihrem Haar war grau
Ich konnt mich nicht entschließen mehr zu gehn

5 Stumm nahm ich ihre Brust, und als sie fragte
Warum ich, Nachtgast, nach Verlauf der Nacht
Nicht gehen wolle, denn so war's gedacht
Sah ich sie unumwunden an und sagte

Ist's nur noch eine Nacht, will ich noch bleiben
10 Doch nütze deine Zeit, das ist das Schlimme
Daß du so zwischen Tür und Angel stehst

Und laß uns die Gespräche rascher treiben
Denn wir vergaßen ganz, daß du vergehst
Und es verschlug Begierde mir die Stimme

Aus: Bertolt Brecht, Werke. Große kommentierte Berliner und Frankfurter Ausgabe, Band 13: Gedicht 3, © Suhrkamp Verlag Frankfurt am Main 1993

(aus lizenzrechtlichen Gründen nicht in reformierter Rechtschreibung)

[1] Blitz: Blick
[2] zeitlich: mit der Zeit
[3] gemeines: gewöhnlich, allgemein
[4] denn: dann

Klausur 2

Aufgabenstellung:

1. *Analysieren und interpretieren Sie das Gedicht „Vergänglichkeit der Schönheit" von Christian Hofmann von Hofmannswaldau unter Beachtung seiner Epochenzugehörigkeit.*

2. *Grenzen Sie den Begriff der Schönheit, wie er von Alexander Gottfried Baumgarten definiert wird, vom Schönheitsbegriff in Hofmannswaldaus Gedicht ab. Vergleichen Sie die Begriffe auf der Grundlage des jeweiligen Epochenhintergrundes (Barock und Aufklärung).*

Christian Hofmann von Hofmannswaldau

Vergänglichkeit der Schönheit (1695)

Es wird der bleiche Tod mit seiner kalten Hand
Dir endlich mit der Zeit um deine Brüste streichen,
Der liebliche Corall der Lippen wird verbleichen;
Der Schultern warmer Schnee wird werden kalter Sand,

5 Der Augen süßer Blitz[1], die Kräfte deiner Hand,
Für welchen solches fällt, die werden zeitlich[2] weichen,
Das Haar, das itzund kann des Goldes Glanz erreichen,
Tilgt endlich Tag und Jahr als ein gemeines[3] Band.

Der wohlgesetzte Fuß, die lieblichen Gebärden,
10 Die werden teils zu Staub, teils nichts und nichtig werden,
Denn[4] opfert keiner mehr der Gottheit deiner Pracht.

Dies und noch mehr als dies muss endlich untergehen.
Dein Herze kann allein zu aller Zeit bestehen,
Dieweil es die Natur aus Diamant gemacht.

Aus: Echtermeyer, Theodor/Benno von Wiese: Deutsche Gedichte. Von den Anfängen bis zur Gegenwart. Auswahl für Schulen. Das 20. Jahrhundert durchgesehen und bearbeitet von Elisabeth Katharina Paefgen, Cornelsen Verlag, Berlin 1993, S. 115

Helmut Leder

Schönheit aus Sicht der Philosophie

Der Name „Ästhetik" geht zurück auf den Philosophen (Alexander Gottlieb) Baumgarten (1750). Dieser versteht darunter die allgemeine Wahrnehmungswissenschaft im Kontrast zur Wissenschaft des „oberen" Erkenntnisvermö-
5 gens – wir Psychologen würden sagen des Denkens oder der höheren Kognitionen. Wenn es einen Zweck der Ästhetik nach Baumgarten gibt, dann ist dies die „Vollkommenheit der sinnlichen Erkenntnis als solcher, in welcher die Schönheit besteht". Im Grunde hatte Baumgarten die
10 Vorstellung, Ästhetik sei so etwas wie die sinneserkenntlich vermittelte Wahrheit eines Gegenstandes, das Schöne also gut und wahr.

Aus: Antrittsvorlesung am Freitag, 18. März 2005, Universität Wien, Online-Zeitung der Universität Wien www.dieUniversitaet-online.at/

---

[1] Blitz – Blick
[2] zeitlich: mit der Zeit
[3] gemeines: gewöhnlich, allgemein
[4] denn: dann